"阅读伴我成长"系列丛书编委会

主　编：姚　伟

副主编：施俊法　朱军一　贾　翔　凌肖宏

编　辑：夏成伟　孙文波　任晓根　刘　虹

点　评：沈燕飞　徐　渊　徐玉根　朱术磊

　　　　朱瑜冬　沈国仙　康连华

『阅读伴我成长』系列丛书编委会 编

以梦为马
的时光

阅读伴我成长
YUE DU BAN WO CHENG ZHANG

（2018 年中学卷）

浙江文艺出版社
Zhejiang Literature & Art Publishing House

阅读伟大变革　致敬伟大时代

　　2009年,新中国成立六十周年,嘉兴的"阅读伴我成长"系列读书活动诞生。2018年,改革开放四十周年,"阅读伴我成长"系列读书活动进行了十届。十年,我们阅读伟大的变革,致敬伟大的时代。

　　我们致力营造氛围、整合资源、创新形式,推动阅读。推荐给大家的图书,或上下五千年,或纵横八万里;既有上九天揽月的中国航天,也有传承经典的华美诗篇;读得到屠呦呦的坚持,也读得到邓稼先的睿智……

　　倡导亲子阅读,读的是书,升华的是亲情,成长的是心灵;倡导坚持阅读,形成阅读的习惯,更能从阅读中获得力量。读有字之书,借鉴前人的智慧;读无字之书,感受社会的进步。

　　在小朋友的绘本作品中,有妙趣横生的童年。他们用稚嫩的笔画,在爸爸妈妈的帮助下,表达了对这个世界的好奇与热爱。在同学们的文章中,可以读到作者对父母的理解和爱,对责任的理解与担当;追求个人的成功也敢于担起自己的责任。展现了红船学子阳光的心态、积极的人格,未来可期。

　　有报道说,中国的人均阅读量在世界上排名不高。那么,"阅读伴我成长"系列读书活动便更有意义。习近平总书记说,书籍是人类知识的载体,是人类智慧的结晶,是人类进步的阶梯。就让我们沿着这进步的阶梯,攀上知识的顶峰,沐浴智慧的光芒。

　　十年,"阅读伴我成长"系列读书活动向大家推荐图书千本(套),出版作品集二十本。

　　2019年,新中国成立七十周年,"阅读伴我成长"第十一年。我们继续阅读伟大变革,倾听时代华章,迎接伟大的"两个百年",与中华民族同呼吸,共成长!

"阅读伴我成长"系列丛书编委会

2019年3月

目 录

初心永驻，砥砺前行

——读《追风筝的人》有感

◆ 学校：海盐县实验中学　◆ 作者：赵舒延　◆ 指导老师：史勋能

暑假，我读了一本书，书名叫《追风筝的人》，是美国著名作家卡勒德·胡赛宁写的。这是一部情节巧妙、令人震撼的政治史诗，也是一个关于成长与生活的故事。该书主要讲述了一个名叫阿米尔的人的一生和他的心理历程，但这不是我关注的重点。我最关注的是文中的"初心"。(开门见山地提出自己的阅读关注点是"初心"，一下子就抓住了问题的关键，吸引读者一起思考。)

在这篇文章里，阿米尔渐渐地迷失了自己的初心。战争、嫉妒、矛盾、女友以及不干净的婚姻，面对这一切的一切，这个少年的初心怎还能有一席之地？

但是，随着成长，人真的会渐渐忘记自己的初心吗？看完这本书，我开始陷入沉思。谁说"少年不识愁滋味"，我也有自己的烦恼和忧愁。(通过设疑的方法自然开启下文，由作品转向个人情感，写出了当下少年们的共同心声。)

迈入初中生活之后，我，一个刚刚从乡下小学转来的孩子，和城市里名校的尖子生之间差距很大。虽然如此，但我还是本着一颗不达目标誓不罢休的初心雄赳赳、气昂昂地来到新学校。

但是考试的失利、同学们的耻笑、老师的批评、爹娘的训斥……曾经一度让我紧张、焦虑、痛苦、自责、愤恨……各种负面情绪像野兽般在我内心啮咬、撕扯，然后蔓延开来。("啮咬""撕扯""蔓延"三个动词连用，让人感受到压抑和紧张，产生了感同身受的特殊效果。)但是让我坚持下去的动力，是对初心不抛弃不放弃的执着。最难最难的时候，我甚至想起了老一辈革命家艰苦奋斗的事迹，脑海里经常会出现"苦不苦，想想红军两万五；累不累，想想英雄董存瑞"这句话。那些熠熠生辉的革命故事告诉我，在那么恶劣的环境中支撑他们继续奋斗的，就是那颗坚定不移的初心：为了下一代的幸福生活，为了中国人民不再被欺压，也为了这块土地的明天更加温暖、灿烂。他们前仆后继，咬紧牙关，自始至终葆有着一份初心。"然后我死了，连羽毛也腐烂在土地里面……因为我对这土地爱得深沉！"艾青的诗诠释了一切：绝对不能放弃自己的初心，只要我当初选择了它！

当你在人生路上碰到一些困难，似乎难以克服的时候，想想你的初心，它凝聚的是一份责任，是你对父母的爱。你可以选择飞上太空，做一名像杨利伟叔叔那样的"太空人"；你也可以选择做一名老师，在教育岗位上燃烧自己的光和热。初心不分大小，只要你的选择是正确的，你就去做，去撸起袖子加油干！有些时候，你也许会像阿米尔一样，有些茫然，但是你要始终攥紧你的初心。你无须急于完成它，实现它，但是你可以用你的努力、知识和日益坚强的意志为自己的明天充足电。直到有一天，当你最终实现你的初心时，你会含着泪品尝这个来之不易的"苹果"，以前的种种苦，都化成了今日的甜。*(本段以第二人称来写，仿佛是朋友之间的诉说，表达上富有文采，逻辑性强，令人叹服。)*

初心，有你真好，我会在一千次被打倒的情况下，再一千零一次地执着向前。

点 评

开篇简要介绍作品内容后直奔写作主题——"初心"，通过对主人公成长经历的叙写转向自己的成长故事。在叙写过程中，作者倾注情感于字里行间，不但让我们了解到其际遇，也被其坚持与乐观的精神所折服。本文结构完整，中心突出，表达自然流畅，注重自我体验过程的描写更是为文章增添了不少文学色彩。

笑看旌旗红似花

——读《红岩》有感

◆学校:上海外国语大学秀洲外国语学校　◆作者:沈颂美　◆指导老师:黄奇恩

> 白山黑水除敌寇,笑看旌旗红似花。
>
> ——赵一曼《滨江述怀》

江姐说:"竹签子是竹子做的,共产党员的意志是钢铁铸成的。"

"顽强的意志,不屈的精神",也许这便是对那时期身处囹圄的中国共产党人最高的评价了吧。随着书页的翻动,我的心也随之而动……(心随书动,这一句寥寥数字却意蕴深刻,产生了让人想要一探究竟的效果。)

这本书不仅是一本红色书籍,还是历史的印记。它描写了身处渣滓洞、白公馆的战士们虽遭到国民党反动派的迫害,却团结起来,众志成城,一心希望攻破牢门,获得自由解放的努力。他们一个个前仆后继、大义凛然地为革命英勇献身。这让我不禁在为反动派的阴谋深感痛恨时,又增添了对战友们的敬畏之感,震撼不已。

她走到哪里都是一身端庄优雅的蓝色旗袍,她在牺牲的最后一刻都淡定自若。她,就是我最为崇拜的江姐。何为十指连心?一根竹签对准了她的指尖,刹那间血水飞溅,一根,两根……竹签撕裂着血肉,深深裂开的伤口沾着殷红的鲜血,顺着她白皙的皮肤往下滴。可是江姐面不改色,宁愿受到如此折磨也不肯低头屈服。看着书上江姐沉着、坚定的话语,我眼前浮现出了江姐刚毅的神情。虽然我并不知晓江姐的长相,但在我心中,她的形象是光明的,是坚毅的,是看淡生死的。

那竹签子好像也钉在了我的心上,我眼里噙着的泪,随着江姐汩汩流淌的鲜血一齐滑落。(巧用"汩汩"这一拟声词,真实地再现了江姐受刑时鲜血流淌的场景,一个勇敢坚毅的革命志士形象跃然纸上。)为何狱中的难友们会称江姐为"中国的丹娘"?江姐曾说,她最崇拜的便是苏联女英雄"丹娘",丹娘为了人类的幸福,不惜献出了自己的生命。而江姐为了中国的解放事业,可以忍痛放弃她所难舍的一切,可以丝毫不畏惧敌人,优雅端庄地光荣赴死。

"光荣牺牲,牺牲光荣。"那是齐晓轩用鲜血染红的岩石,是刘思扬最后的一丝微笑,是江姐饱受苦难的坚强,是许云峰就义前的慷慨陈词,是小萝卜头临刑前的呼唤……(勇士们的事迹令人感慨唏嘘,更令人敬仰震动,用排比句式通过不同人物来诠释革命者共同的特征,极具气势。)这些赴汤蹈火的勇士,即使受到反动派的迫害,也仍旧像钢铁一般,在生命的最后一刻宁死不屈。

面对敌人施加的残暴酷刑,他们视死如归,甘为祖国洒下一腔热血。正是有了这批革命烈士的前仆后继,和他们用身体、鲜血换来的胜利,才换来了我们如今和平安定的生活。

静静地合上《红岩》,我沉思着,为什么书取名为"红岩"?红色,是中国人喜爱的颜色,更是共产党人钟情的色彩。它象征着革命和胜利,寄托着革命者的理想和信念。中国共产党的党旗、人民军队的军旗和中华人民共和国的国旗均为标有不同图案的红旗。我认为,红岩,是用战士们的鲜血染红的,是永垂不朽的。红色是理想,是信念,是殷切的希望。红色历史,铭刻了革命先烈们的光辉岁月。1921年7月,中共一大在上海秘密举行。7月30日晚,因突遭法国巡捕搜查,会议被迫休会。8月2日上午,一大代表们由李达夫人王会悟做向导,从上海乘火车转移到嘉兴,在南湖的一艘丝网船上完成了大会议程,宣告了中国共产党的诞生。此后,这艘船就被赋予了非凡的意义,被命名为"红船"。几十年来,它始终静静地停在南湖之上。历经几多风雨,历经多次的修补、复建,而它的革命气息却依旧长存。一艘小船,承载了一段极为重要的历史。

近年来,全国上下大力发扬"红船精神"。2017年,习近平总书记到访嘉兴,瞻仰了南湖红船,并在《人民日报》发表了题为《弘扬"红船精神" 走在时代前列》的文章。他将"红船精神"的内涵高度提炼为:开天辟地、敢为人先的首创精神,坚定理想、百折不挠的奋斗精神,立党为公、忠诚为民的奉献精神。

我想,作为一个嘉兴人,作为一个中学生,我们应该为红船而深感自豪,也应该对"红船精神"怀有崇高的敬意。"红船精神"其实与《红岩》中那些英勇无畏的地下党员竭力抗争的革命精神是一脉相承的。

又见红船,革命烈士们坚定的话语仍然在我耳边萦绕,地下党员与国民党反动派殊死交锋的画面在我眼前不断浮现……那些感人的事迹,将如同一颗颗熠熠生辉的红星,绽放在历史的天空,让后辈瞻仰,点亮一代又一代的希望。让我们站起来,一齐喊出中国人心底的骄傲!新时代的少年,站在飘扬的五星红旗下,将会带着那份敬畏去了解,去学习,去发扬"红船精神",真正地践行习近平总书记提出的"走在时代前列"的愿望。(议论兼抒情的文字在运用时收放自如,由历史想到现实,由作品人物想到新时代少年,体现了阅读的意义。)

"白山黑水除敌寇,笑看旌旗红似花。"

天将破晓,东方的地平线,渐渐透出一片红光。湛蓝的天空,万里无云,绚丽的朝霞,放射出万丈光芒。这幅壮丽的景色源于《红岩》,是那让人把它永远铭记在心的《红岩》,是那永不褪色的《红岩》。

点 评

"笑看旌旗红似花",一句赞扬女英雄的勇敢乐观的话,小作者将之作为标题和题记,一方面表明自己的情感态度,同时也为开启精彩的下文做了铺垫。文中对江姐的介绍采用点面结合的方式,使人物形象深入人心。后半部分内容转向作品对现实生活、当代少年的积极作用和影响。行文思路清晰,语言精致有美感,是读后感中的佳作。

单纯≠天真＋懦弱

——读《单纯的母亲》有感

◆学校:平湖市稚川实验中学　◆作者:冯　悦　◆指导老师:陈晓霞

夏夜的风,温柔而宁静。我和妈妈,走在路上。

和妈妈谈论童年往事,忽然说到我小时候被小朋友欺负,却始终不肯反击,只是一个人默默走开,她娇嗔我太过软弱。("娇嗔"一词用得好,贴切地写出母亲假装生气的样子,一个疼爱孩子的母亲形象跃然纸上。)我沉默了,想起前些日子看到的散文,仿佛找到了一直以来我所追求的那种力量。

看到这篇文章的题目,我便觉得饶有趣味。在我的眼里,每个母亲为孩子终日在家中操劳忙碌,在社会上工作打拼,她们不再是少女,又怎会拥有孩童般的天真?(一个反问句既融入了自己对"母亲"的理解,又引发读者的思考,为下文写"单纯"埋下伏笔。)

文中的母亲出生在中国物资匮乏的年代,但是她始终过得十分欢乐,她会因为把自己的兄弟手臂拽脱臼而狂奔离家出走,她还喜欢跟家人一起,在大扫除后的周末晚上,吃最便宜的猪尾巴炖大白菜。长大后的她,还靠她的单纯,或者说"愣",成了一名大学生,没有托任何关系进了研究所。因为她的单纯,她似乎格外得到了命运的恩惠。

也许她确实得到了恩惠,在那个年代,她过得自由自在、快乐美好。这种恩惠维护了她童年的天真烂漫。但是她就没有经历过生活的苦难吗?她就没有经历过人间这把利刃的割划吗?她曾因丈夫长年出差在外,独自抚养孩子;她曾在半夜,孤身一人抓捕乱跳的大鱼;在工作遇到挫折时,她被"发配"到了图书借阅室……正如文中作者所说:"她被生活挤对得不轻。"但她并没有被生活击倒,她把自己的孩子教育得十分优秀,她用自己的努力和坚持抓住了那条大鱼,她还将图书借阅室的工作做到了极致,贴了"不还书"黑榜,将不还书的领导们的大名广而告之。

她真的只是单纯吗?

所谓单纯,并不等于天真和懦弱。单纯是需要用勇气来维护的,过于天真会让一个人轻信这个社会,而懦弱会让一个人不敢反击欺负他的人。

那是勇敢。

我真心佩服文中的母亲,她有足够的勇气。她为了维护心中的美好勇往直前,她不逃避,不懂得趋利避害,就算是险境,她还是会由内而外地迸发出惊人的锐气,一条道走到底,还乐在其中,这才是成人的单纯。我曾经多么想获得这种能量,多么想拥有单纯的勇气,多么想让自己在遇到困难时,两眼一闭,一条路走到黑,多洒脱!

我的童年足够多彩,但随着长大,我渐渐失去了许多美好的东西,比如:单纯的勇气、那个幼稚而执着的我。

我寻找它们。

我不断地寻找。忽然,我看到了:那个失落的我,那个屡次考试失利的我,那个早已被其他同学赶超的我,那个曾经坐在第一名的宝座上而今落魄的我。

我看着那些同学你追我赶,可不管怎么着急,都无法提高自己的成绩,我真的觉得很孤独。可我当时只是默默地忍受,甚至有些厌弃这个排名制,一度还觉得"别人都不想让我取得好成绩"。(这两句内心独白真切地表达了苦闷和彷徨,是当下中学生在学习道路上的真实写照。)

那时的我忘了寻找自己的缺点,一味地停留于当下,就像一块粘在地上很难揭起来的狗皮膏药。

偶然,我看到了龙应台的《跌倒》,看到里面一段触及我心灵的文字:

"我们拼命地学习如何成功冲刺一百米,但是没有人教过我们:你跌倒时,怎么跌得有尊严;你的膝盖破得血肉模糊时,怎么清洗伤口、怎么包扎;你痛得无法忍受时,用什么样的表情去面对别人;你一头栽下时,怎么治疗内心淌血的创伤,怎么获得内心深层的平静;心像玻璃一样碎了一地时,怎么收拾?"

这是一段有些伤感的文字,它让我联想到文中母亲的艰难。但它要表达的不只是伤感,更多的是爬起来的勇气,既然没学过跌倒,那就努力,扔掉过分的天真,扔掉可笑的懦弱,为自己的"触地反弹"蓄力。既然失败时只有自己一个人应对,那么,为什么要伤心?为什么要落泪?为什么要埋怨他人?

为什么不充满勇气？

文中的母亲，她也经历了不计其数的跌倒，但她每次都平静地站了起来。又有谁知道，这一站，需要积蓄多少精神力量才能完成！

我振作起来，我要为自己的那一弹蓄力！

打那以后，我每天起床更早了，背单词背古诗，每天在课堂上，我几乎把眼珠子都放到老师身上。（采用夸张手法来写上课认真和努力的情状，语言幽默生动，富有艺术性，达到了用文字勾勒形象的特殊效果。）每天晚自修回家还要做一些题，看一些书。我自己整理错题笔记，自己整理语法知识，我用自己的努力把自己又送回了第一名的宝座。

于是，我终于领悟了：单纯≠天真＋懦弱。既然希望自己内心充满美好，就需要勇气来保护这些美好。人人都需要单纯的勇气，这不是什么匹夫之勇，而是一份做事情坚持到底的决心，遇到困难沉着应对的冷静，以及就算跌倒上百次也要爬起来的毅力。

"单纯≠天真＋懦弱。"我再一次在心底重复这个不等式。

抬头看天，夜色正好。

点 评

小作者以日常生活中的一次闲聊切入，通过对母亲往昔经历的追述，令读者将目光聚焦在母亲身上，使母亲的形象愈加清晰和深刻。与此同时，"单纯的勇气"也一步一步明朗化，直至最后得出公式"单纯≠天真＋懦弱"，这样的人生道理来之于亲情的陪伴，具有浓浓的生活气息。反问句、感叹句、疑问句的结合使用令文章的表达富有变化，极具可读性。

以诗会古　看唐朝风云

◆ 学校:上海外国语大学附属浙江宏达学校　◆ 作者:陈乐琰　◆ 指导老师:盛懿慧

说起唐朝,便想起唐诗,在我的想象中,在那个时代,上到垂暮老人,下到嬉闹幼儿,无人不会吟一句"床前明月光",叹一句"江枫渔火对愁眠"。唐诗除了带给我们如梦如幻的遐想,美不胜收的绝世盛宴,还让我们对唐朝多一些思考,总想挖掘那唐诗背后的故事。(开篇引用了两句耳熟能详的诗句,拉近了读者与唐诗的距离,为下文的评说做了铺垫。)

那就让我们走进《唐诗三百首》,重温当时的盛世繁华……

一、从唐诗看唐朝盛衰

"初唐四杰"大家一定不陌生,那时的唐朝社会刚刚走上正轨,在文化方面还保留了许多南北朝时期的风俗。但王杨卢骆勇于改变,逐渐完成了诗歌声律化的过程,奠定了中国诗歌中律诗的形式。这不仅仅是风格的改变,还有题材的转变:诗人的视野从宫廷慢慢转向市井,从千篇一律的台阁慢慢转向自然、江山等。从这时的转变可以看出,唐朝社会已经开始摆脱前朝的束缚,逐步走向兴盛。例如,王勃那首著名的《滕王阁序》中的一句"阁中帝子今何在? 槛外长江空自流",借由东去滔滔的长江,引出了对时间的感慨。

从此之后,唐朝的诗歌像是打开了阀门,如潮水般奔涌而出。多少豪情诗人,几杯烈酒下肚,饮出盛唐那千秋繁华。杜甫那"忆昔开元全盛日,小邑犹藏万家室"描述了国力强盛、百姓富裕的一派气象;王昌龄那"白马金鞍从武皇,旌旗十万宿长杨"又是怎样辉煌的光景;还有李白那"风吹柳花满店香,吴姬压酒唤客尝"的江南柔情与繁花似锦……

画风一转，正如一年总有入秋之时，唐朝昔日繁华逐渐落幕，只有诗人月夜饮酒，顺势滴落的——也分不清是酒是泪。那些日子的诗总是苦的、悲的，就连我们后人读了，都不由得悲从中来。（从古到今，由虚而实，借此句来表达唐诗的独特功能，既可感慨世事不可回，又能表达人生的变化无常。）不难想象，曾经的大唐帝国，是怎样的风雨飘零。

三百首唐诗，让我们尽览大唐兴衰！

二、从唐诗看诗人风情

唐朝诗人各有风情。一轮明月迎来一位谪仙，李白真如世人所想的那般——放荡不羁，飘飘欲仙吗？也许是的吧。"两人对酌山花开，一杯一杯复一杯。我醉欲眠卿且去，明朝有意抱琴来"的他，是那样潇洒，与友人开怀畅饮，不顾形象。谁知话锋一转，"过江誓流水，志在清中原。拔剑击前柱，悲歌难重论"。就算他极力想要脱离尘世，举杯消愁，也终究为尘世而忧心，郁郁不得志。

也难怪杜甫的诗被称为"诗史"，他向来忧国忧民，安史之乱更是让他忧思不已。我赞他敢写"炙手可热势绝伦，慎莫近前丞相嗔"，这句在白居易的《长恨歌》前毫不逊色，甚至平添了几分斥责、愤恨。可那一句"感时花溅泪，恨别鸟惊心"，抑或是"无边落木萧萧下，不尽长江滚滚来。万里悲秋常作客，百年多病独登台"，想必不需要太多的解读，也能感受到诗句中呼之欲出的悲伤吧。（这一段在表达上将诗句与个人想法完全融合在一起，议论有理有力，折射出小作者丰厚的阅读积累。）

三、从唐诗看酒韵飘香

唐朝的酒烈，烈得让李白"我醉欲眠卿且去，明朝有意抱琴来"，又或者是"举杯邀明月，对影成三人"。连杜甫也不禁"醉眠秋共被，携手日同行"。诗人总是很愁，也只有酒，才能让他们一时间忘却现实中那些痛恨、凄苦、烦恼的事。借酒消愁，只求一醉！醉了才好，醉了才能将荣辱皆忘，看透那世态炎凉。唐朝的酒，喝下去的是苦，是愁……

合上书，收起那年的风花雪月。三百首唐诗在流水落花中谱写下大唐的赞歌。巴山的雨停了，长生殿里的情灭了，床前的明月升起了，大唐的风云——烟消云散了。(结尾富有想象,诗情与现实交融,情感上到达了更为广阔的领域,全文的境界更远更高了。)

点 评

"读唐诗,感受盛世繁华",本文开篇点明主旨,直入主题。主体部分从"唐朝盛衰""诗人风情""酒韵飘香"三个方面展开对唐诗的赞美,层层递进,条理清晰。经典诗句的呈现让人更真切地领略了唐诗的魅力,个性化的解读体现出小作者"腹有诗书气自华"的文学底蕴。

悦读锦囊

天呀,没有书,我们也同样快乐;让人愉悦的书,有急需时我们自己都能写。人们真正需要的书是读后令人有如遭遇晴天霹雳的打击,像失去至亲至爱;或让人有被放逐到荒郊森林,面对不见人烟的孤寂,就像自杀身亡。好书必须像把冰斧,一击敲开我们结冻的心海。我对此深信无疑。

——卡夫卡

历史终会给我们一个答案的,同志

——《红星照耀中国》读后感

◆学校:海盐县博才实验学校　◆作者:沈怡贝　◆指导老师:曹红梅

"不苦,不苦。有同志们和你在一起,行军是不苦的。我们革命青年不能想到事情是不是困难或辛苦;我们只能想到我们面前的任务。如果要走一万里,我们就走一万里,如果要走二万里,我们就走二万里!"

《红星照耀中国》是我接触的第一本红色文学作品,是一位名叫埃德加·斯诺的美国记者自1936年6月至10月在中国西北革命根据地的所见所闻和采访记录,又名《西行漫记》。

很意外的是,此书有着一个如此红色的名字,作者却是一个我从未听说过名字的美国人。美国人所记述的红色中国又是什么模样? 我非常好奇。(通过设置悬念的方式来开头,让人眼睛一亮,迫切地想要了解"真相"。)

事实证明,20世纪30年代的"白头鹰"先生确实对中国一无所知,开头他对中国共产党提出了一大串不着边际的疑问,种种猜想令人啼笑皆非。斯诺先生为了一探究竟,像所有冒险故事的主人公那样只身一人出发,踏上了前往红色中国的旅途。

斯诺多次与毛泽东、周恩来等中国共产党领袖及彭德怀、贺龙等元老级人物进行访谈,我开始有些好奇"美国先生"是怎么描写这些响当当的人物和事件的。

然而,斯诺这位"美国先生"并没有把最具代表性的人物——毛泽东描写成一个全身散发着光芒的领袖人物,斯诺对他的初次描写便是"背有些驼""浓密黑发""鼻梁很高,颧骨突出""精明知识分子的面孔"这样无比平凡的普通模样。作为一个美国人,斯诺的视角比较客观,他笔下的毛泽东是真实的:毛泽东爱抽烟,长征路上没烟抽便尝遍草叶代替品;他不愿提起自己的旧情史;他被一同看戏的观众点名唱歌；他爱吃辣，爱唱《红辣椒》；他研究哲学；他为锻炼身体走遍老家湖南全省……（这一段文字写斯诺眼中的毛主席，语言风格亦庄亦谐，闪烁着思考的光芒，令人信服。）

实际上，毛主席在我的印象里，一直都是伟大中的伟大，高尚中的高尚，领袖中的领袖，是如同太阳一般无比耀眼却难以触碰的角色。我或许是第一次知道毛主席是如此平易近人，就像身边随处可见的人一样，他的性格也并非完美如天神，而是"纯真质朴""颇有幽默感""说话平易，生活简朴""天生精明"，但有人会认为他"粗俗""自尊心极强，会有几次大发脾气令人害怕"。仿佛毛泽东这个人站在我面前一样，他会对人发脾气，会关心同志们，会把辣椒夹在馒头里吃，会读古希腊哲学，会在夜灯下摆弄飞蛾……我第一次认识了"毛泽东"，而不是"毛主席"。（连用五个"会"，展现了斯诺笔下的毛泽东更具"人"的气质，内容丰富，视角独特。）

本书还提到了其他人物，有战无不胜却不会说外语的林彪，"一把菜刀建苏区"的贺龙，愉快爱笑、直截了当的彭德怀，"纯无产阶级"的单纯善良的徐海东，自信中带点羞怯的帅哥周恩来，未曾谋面、沉默谦虚的朱德，还有刘志丹、徐特立、林伯渠、左权和古灵精怪的红小鬼们。他们真实得仿佛就在我们身边一样。

这本书描写的是斯诺视角中中国历史的样貌，它的内容是中肯的，没有过度抹黑国民党，也没有夸大共产党，斯诺对于大多数事件还是只作记录，不作偏向哪一方的评价。除去各种因素和作者本人的政治倾向，作品很大程度上还原了那个时代中国共产党的真实面貌。斯诺显然不会加太多修饰，他的叙述始终是平实质朴，没有一丝波澜，虽然不免有些枯燥，但字句间反映出来的情感就如同强有力的心跳一般，让我回到了那个战火纷飞的岁月：硝烟弥漫的战场，苏区的红色画报，演练场的号声和红缨枪，红军剧社的掌声、笑声……那群怀揣着希望与梦想的人，是中国共产党人，他们从来不是什么救星也不是神，他们不过是一群有着铁一般的意志、坚定的革命信仰、立志救国于水深火热之中的平凡得不能再平凡的普通人罢了。

如今我坐在宽敞明亮的室内，吹着空调写着作文，路上的车声模糊了电视的声音。手边放着刚读完的《红星照耀中国》中译本，斯诺说得没错，红星照耀了中国，且至今还在闪闪发光。突然想起了那些革命先烈，是他们给了我这一切，这是他们用生命和热血换来的。写到这里，我突然写不下去了，文字无法承载我全部的情感，文字无法描绘那种大无畏的精神，文字无法追忆那些峥嵘岁月。（排比句式使表达富有情感，形成了大开大合的气势，文章至此有了更大的格局。）他们倾其一生所有去追求自由和平,他们用鲜血铸造了今天,他们同样构建了过去和未来,他们的精神将永垂不朽。我想,我有空会把《红星照耀中国》再看一遍。

"那个少年先锋队员大胆地看着我。'不要紧。'他说,'你不用为这样一些事情感谢一个同志。'"

点 评

小作者阅读"红星"之细、理解之深,在字里行间均有表现。全篇以"作品人物魅力"和"作品艺术特点"为对象展开叙写、评论、想象,结合多种表达方式,有客观的写实,有主观的评价,更有汪洋恣肆的想象。即使是现代社会,我们也应拥有顽强的英雄主义和面对苦难的理想主义,这是本文传递给我们的情怀。

悦读锦囊

你正在阅读的书,对于你的意义,只有你自己才是最好的裁判。每个人的看法都不会与别人完全相同,最多只有某种程度的相似而已。如果认为这些对我具有重大意义的书,也该丝毫不差地对你具有同样的意义,那真是毫无道理。虽然,阅读这些书使我更觉富足,没有读过这些书,我一定不会成为今天的我,但我请求你:如果你读了之后,觉得它们不合胃口,那么,请就此搁下,除非你真正能享受它们,否则毫无用处。

——毛 姆

热血犹殷红

——读《红星照耀中国》有感

◆学校:嘉兴市运河实验学校　◆作者:李杰瑞　◆指导老师:史家伟

"我"叫斯诺,是一名战地记者,为了探寻红色中国,1936年,"我"冒着危险进入红军的苏维埃根据地;为了更加了解红军,"我"先后采访了众多苏区的领导人物,认识了毛泽东、周恩来、贺龙、彭德怀等红军代表人物,他们给"我"留下了深刻的印象,也让"我"对红色中国这一具有传奇色彩的称呼有了清晰的认识。(开篇点明写作的角度是"斯诺",打破常规,富有新意,吸引读者的阅读兴趣。)

跟着一个外国记者的文字,我走进了《红星照耀中国》中的中国,看到了一支叫"红军"的革命军。

这是一支怎样的军队? 是帮助被压迫和被剥削的人民,与他们站在同一战线的军队,是由千万被压迫的穷苦人组成的革命军队,是一支骁勇善战、作风优良的军队,是一支打不败的军队,是一支红色的军队。(本段先采用设问形式引起读者的关注,再用排比手法从不同的角度来解说"红军"的性质,字里行间流露着敬仰之情。)

红色,代表团结一致、亲切热心;红色,代表刚毅勇敢、坚定不移。在白色恐怖年代,就是这一抹耀眼美丽的色彩,给万千被压迫剥削的人们带来了光明,带来了希望。红军完美地诠释了红色的高尚,他们让人感到亲切,他们给人们安全感,他们体现了任何一支军队都体现不出来的高尚,他们没有高科技的枪械,但他们面对比自己强十倍的军队时却能表现出不一般的冷静的头脑。他们不抽鸦片,甚至不允许抽烟,所以能战胜比自己人数多几倍,甚至几十倍的国民党军队。

在这支军队里,将士们是平等的,是共同患难的兄弟,将军不会对战士们说"上",而是说"跟我走"。(引用原著中的"上""跟我走",寥寥几字却以最真实的方式再现了红军将士之间的和谐关系。)可见这支队伍的优良作风。

"对于一个被剥削民族自由的人民，革命的任务不是立即实现社会主义，而是争取独立，如果我们被剥夺了一个实践共产主义的国家，共产主义就无从谈起"，这是毛泽东在接受斯诺采访时说的。

现在中国已经成功站在亚洲之巅，社会主义思想已经在中国人的心中根深蒂固，万千被压迫的人民当家作主了。中国在社会主义道路上越走越富强，亚洲雄狮再次昂头挺胸。红色的中国国旗冉冉升起，让世界瞩目。现在，人们变了，变得更加自由；科技变了，变得更加发达；国家变了，变得更加富强。但是，有一样东西没有发生改变，那就是中国人民身上流淌着的殷红热血，是那一抹永远不褪色的红。(三个"变了"，一个"没变"，强烈的对比突出红色精神在历史发展的进程中所具有的独特魅力，它将影响一代又一代人。)

虽已近百年，热血犹殷红。那是一种融入血脉、刻进骨子里的精神，代代相传，生生不息。

现在正是青少年的我们要好好学习，传承祖先的红色精神，成为新中国的国家栋梁。

"一带一路"的建设带领着全中国走向更高的高峰，"国家品牌计划"正在让中国的品牌发扬光大。我们心中充满着一种自豪感，对国家的自豪感，社会主义让中国进步得更快，发展得更迅猛，让人民更加团结。有了中国共产党，才有新中国。

红色的星星，照耀着红色的中国。红色的军队，守卫着红色的疆土。红色的国旗，领着满腔热血的我们上前去。

点评

本文最大的亮点是采用第一人称来叙写，边叙边议，将原著内容与个人的阅读感悟结合起来，相得益彰，产生非常独特的艺术效果。"文章合为时而著"，小作者善于将历史与现实联系起来，科技发达了、国家变化了、"一带一路"的建设带领着全中国走向更高的高峰……这些内容具有鲜明的时代感，可见写作者选材之用心。

世界眷顾它所有的鸟儿

——读《奇迹男孩》有感

◆学校:嘉兴市南湖区余新镇中学　◆作者:张梦媛　◆指导老师:王艳梅

　　　　生命也许是一场赌注,但是世界最终会让一切平衡。世界眷顾它所有的鸟儿。

——帕拉西奥《奇迹男孩》

　　放下这本书,我觉得自己走完了一段崎岖但却温暖的路。世界,出奇地安静。

　　"啪嗒",一滴泪划破寂静,接着便不可遏抑,一滴,两滴,三滴……那个名为奥吉的男孩,接受了奖章。

　　世界对奥吉是不友善的。刚刚来到这个世界的他,接受的大大小小的手术,可能比某些人一辈子都要多。暗夜里的他,自卑、害怕一切,都只是因为他那张畸形的脸。

　　但世界又是平衡的。奥吉有倍加疼爱他的父母,有比他长得好看而负疚的姐姐奥利维娅,有声音沙哑的、因与他在一起而被孤立的小友杰克,还有那个随身带着他照片的粉红色头发女孩米兰达……(小作者用"不友善"和"平衡"充分突出了生命也许是一场赌注,但是世界最终会让一切平衡。)

　　他经历过同学朱利安的刁难,朋友杰克·威尔的背叛,姐姐奥利维娅的嫌弃,宠物狗黛西的去世,还有夏令营学生的欺负等。(运用排比的手法描写,让我们能够想象到,当这样一个特殊孩子在融入环境过程中时,无论是他自己还是旁人,都将面临一次不小的挑战。)

　　但是最终他收获了杰克的友情、奥利维娅的亲情,以及关于成长的诸多感动。

　　姐姐奥利维娅出演了校园戏剧。演出太惊艳了,结局十分感人,获得了全场的掌声。当时这个小男孩就在想："世界上每个人一生中都应该至少获得一次全场起立鼓掌的机会。"

这个想法似乎很不合实际，却是来自一个普通的、丑陋的、安静的男孩的内心最深处的呼喊。他看尽了别人对于他的脸的震惊、害怕，甚至恶心，也受尽了学校里他人给予的屈辱和排斥；他忍受了所有在他心头划出的最尖利的伤痕。他只想做个普通孩子，但是他又能怎样才不会因为自己的脸而"出名"呢？他，无能为力。

最终，他选择了善良与爱。他不说话，只是静静地用善良与爱感染所有的人。

毕业典礼上，剪短头发焕然一新的奥吉，获得了亨利·沃德·毕彻奖章。哦！奥吉！大家都在为奥吉欢呼！他们呜呼呜呼地叫着，中间夹杂着喜极而泣的哭声。奥吉也在为自己欢呼。他经历过那么多委屈和他人的排斥，如今大家都在为他鼓掌呢。他感觉自己漂浮起来了，有风徐徐吹过，泪水模糊了他的眼睛。奇迹发生了，所有的观众全体起立，发疯似的欢呼、喊叫、鼓掌。这一次全场起立鼓掌的待遇是给奥吉的，是给他的。他的愿望成真了。

我永远记得他说过："世界上每个人一生中都应该至少获得一次全场起立鼓掌的机会，因为我们都胜过这个世界。"

奥吉也让我想起了一个姑娘，在我初中这几年里，她一直给我暖心的拥抱。

她单名一个"棠"字，有点内向，很文静，就坐在我前面。我有时疯疯癫癫的，会闯出一些祸，但我们却是朋友。（前半部分小作者选择作为旁观者，去看一个少年自强不息，现在小作者又把自己代入到故事里，联系自己学校的学习生活，写出了每个人都能在自己的生活里创造"奇迹"，这样的打开方式具有吸引力。）

初一时，我与一个女生在操场上玩。我从背后抱起了她，还抱着她转圈。但是不知道怎的，她从我怀中滑了下去。"砰！"后脑勺着地，仰面摔倒。

那"砰"的一声把我吓坏了，也引来了无数同学的目光。

我慌忙蹲下去，紧张地把手放在她的手臂上："你还好吗？"她没有回答，只是龇着牙，咧着嘴，一脸痛苦。

周围的同学，有的也像我一样蹲在她身边问候，有的交头接耳说着话。

冬季的太阳孤零零地挂在天空。此时，无风。

仿佛过了很久，我听见有声音从身后传来："不会摔脑震荡了吧？"

手一颤，我触摸到了冰冷的操场。容不得我多想，那女生挣扎着起来，我急忙扶着她，托她站起身。"感觉怎样？"我急忙又问，仿佛这样能减少我的焦虑。

"还好。"

回教室后,没多久就听到了她要去医院检查的消息。那句"不会摔脑震荡了吧?"又重新像个小怪物一样钻到我的脑海里。我仿佛能预见女生的父母对我的责备、老师看我的眼光。若真是这样,我就是罪魁祸首。

罪魁祸首。

有风吹进了我的眼睛,泪珠开始凝聚,无尽的恐惧犹如海啸将我吞没。

坐在前面的棠察觉到了我的异样,转过身,看到满面泪痕的我。她没有说话,掏出一张餐巾纸,细心轻柔地为我拭去眼泪,用她另一只手覆上我微微发抖的手。她有规律地拍打我的手,伴着暖暖的声音:"不哭了,不哭了……"

终于,我的抽噎声渐渐平息,我告诉了她整件事。

听完之后她很认真地蹙起了眉,帮我默默地想着,然后,她说:"就算那个女生真摔成了脑震荡,你还有我呢。去道歉,承认错误就好。不要害怕。"

她用她并不响亮的话语,点亮了我的漫漫长夜;她用她安静的陪伴,给了我无尽的勇气。

她给了我万丈光芒。成长路上,我会和棠一样,和奥吉一样,去温暖每一个孤单的心灵。

点评

"世界眷顾它所有的鸟儿",毕竟多数鸟儿,根本不知道要眷顾彼此。奇迹源于绝境,固然是勇气使然,也要仰赖一点点眷顾者赐予的运气吧。小作者用细腻优美的文笔向我们娓娓道来她的阅读心得,阅读带给作者的不仅是文字的享受,更是心灵的震撼。文本中处处流露着小作者对人生的思考,情感真挚,思想深邃。

一个人和他的湖

—— 读梭罗《瓦尔登湖》有感

◆学校:嘉兴市实验初级中学　◆作者:徐克凡　◆指导老师:叶凤玲

该怎么形容他?(用设问句引出全文,让我们更想了解,"他"是怎样一个人?)

他很奇怪。年轻的时候在美国最好的大学之一(哈佛大学)受过教育,那时,他的国家蓬勃发展,日新月异。他应该像个体面人一样,打着领带,夹着公文包,出入高级写字楼,而他,却在荒凉的瓦尔登湖,花了4美元25美分买来二手房,以28.12美元来建立一个家,用0.27美元来维持一周的生活,八个月间,他的食物开销仅为8.74美元。他像个原始人一样在湖边隐居了两年零两个月。他的家远离村庄,他远离朋友,家里只有三把椅子,从不为朋友提供必要的晚餐。

你一定会问:他为什么躲起来? 因为感情受挫? 事业受挫? 生活受挫?

非也,非也。

他像个地道的伐木工人,老练地就地取材,斧子坏了,利索地削一截山胡桃木做楔子;他像个地道的木匠,熟练地在木料上挖出榫眼,在顶上劈出榫头,竖起屋架;他像个地道的农民,用简陋的农具耕地,播种,收获,修烟囱,挖地窖……他在湖边,白手起家,忙忙碌碌,把一切都操持得有声有色。

他又不止于生活的忙碌。在湖边的时候,他很有耐心地观看一条赤链蛇蹿入水中,伏在湖底,悠然自得;细听云雀、燕子和其他不知名的鸟儿唧啾呢喃,似乎在谈论关于春天的好消息;他的手上弥漫着松脂的清香,阅读着包午餐的报纸。在这里,他一个人,自得其乐,"木欣欣以向荣,泉涓涓而始流",他静静地感受着蛰居生命的舒展和大自然的律动。他是大自然的挚爱者,他愿意成为大自然的一部分。("木欣欣以向荣,泉涓涓而始流",语句中流露着小作者对大自然的热爱、对智慧生活的向往。)

我想起了东晋那位"采菊东篱下,悠然见南山"的五柳先生陶渊明。他不愿为五斗米折腰,潇洒离开官场的樊笼,毅然"开荒南野际,守拙归园田"。如果有时空穿越,他们俩在静静的瓦尔登湖边,一定会"相看两不厌",一定会"行到水穷处,坐看云起时",而"此中有真意,欲辨已忘言"。

然而,他和陶隐士还是有区别的。陶隐士在贫困中快乐着,一直守在田园,浅吟低唱着田园牧歌。而他在两年后,又回到城市,成为文明生活里的过客。(与陶隐士做对比,既写出了他们的相同之处,又写出了他们的不同之处,笔墨之间流露着小作者对智慧生活的理解。)

你一定会问:他为什么要回去? 因为太贫困? 太单调? 太孤独?

非也,非也。

他的日子很滋润。他一年中有6个星期辛勤劳作,赚取足够一年的生活费用。剩余的46个星期,他会去做他喜欢做的事。他认认真真记账。有人说,阅读他的流水账就像读一首诗:"黑麦……1.045美元""猪肉……0.22美元""一只南瓜……0.06美元"……他一行行地记,很有耐心,间或有自己的评价,仿佛自言自语:这是最便宜的一种糖,那个比玉米粉贵,这个比黑麦子便宜……斤斤计较,絮絮叨叨,让我联想起菜场大妈买菜时,每拿起一样菜,嘴里嫌弃,手里紧紧握着的样子。在一饮一啄中,生活的滋味与感觉,就这样一一浮现。他是过家的一把好手呢! 不仅收支平衡,衣食无忧,而且省下大把时间,可以奢侈地阅读、发呆、遐想。

他的生活很丰富。在这个"神赐之滴"的湖边,他经常花一整天的时间凝视,湖边的水生树木是它纤细的睫毛,四周树木苍郁的群山和山崖是凸出于其上的眉毛。他看过它的白天和黑夜,看过它的春夏秋冬。他仔细量过它的身材:半英里长,周长有一又四分之三英里,面积约六十一英亩半。他记得它所有的颜色,就像记住心爱的人每天精心搭配的服饰。水有时是蓝色的,有时是绿色的,但又不是这么简单,还有浅绿、鲜绿和深灰绿之分,更有玻璃般的绿蓝色,有时还有奇妙的彩虹色泽! 他看见波平如镜的水面上长足昆虫的滑行,一只野鸭在漫不经心地整理自己的羽毛,一条鱼在空中画出一道三四英尺的弧线,在鱼跃出的地方有一道明亮的闪光,入水的地方又有一道闪光。"每一片叶子、每一根枝丫、每一块石头、每一张蛛网,在后半下午的时分晶莹闪烁,和春天的清晨布满露珠时一样。"他用心写下湖边的一草一木一世界,"再没有比自由地欣赏广阔的地平线的人更快活的人了"。

梭罗说："假如我们醒来的生命并不比睡时更高远：那么这样的一天，如果这可以被称作一天的话，还有什么希望可言？"当他看到继承了大量土地牛群、羊群的年轻人，把自由拱手让出，把自己的身体和灵魂献给了土地、牛群和羊群。他看到城市就是一个几百万人一起孤独地生活的地方，大部分人过着沉默绝望的生活。他发声了，希望人们回过头来，过一种简单、独立、大度、彼此信任的生活。他没有高言大智，只是给出了一种简朴生活的样式，不是希望人们去照搬或是模仿，而是从中想一想我们要如何生活。

梭罗为我们贡献了一种智慧的生活——外在生活简单，心灵自由灵动。"我是我眺望到的一切的君王，我对它具有的权利无可争辩。"多么霸道的宣言，霸道到让人忍不住羡慕。

什么时候起，我们成了西西弗，要把大石推上陡峭的高山，每次用尽全力，大石快要到顶时，石头却从手中滑脱，又得重新去推，永无止境。父母和师长告诉我们要学会承担，但是放在我们肩上的，都是一定要承担的吗？抑或，我们肯定承担得起吗？"长恨此身非我有，何时忘却营营"，豁达如苏轼都免不了被世俗所困，更何况我等凡俗之辈。

每当夜深人静之时，读梭罗的文字，在字字闪光间，他说：放下，回归，湖在等着我们回去。

点评

每一次读书的时候，我们总会发现一些以前不知道的东西，比如面对生活的态度。小作者读梭罗的《瓦尔登湖》，多了一些对于"生活"的思考，并最终意识到对待"生活"应该是让外在生活简单，心灵自由灵动。全文对比论证、例论法、引证法、喻证法的手法运用自如，充分抒发了小作者对智慧生活的向往，结构完整，思路清晰，文采斐然。

白瓷杯的夏

——读《把心安顿好》有感

◆学校：嘉兴市秀洲区王店镇建设中学　◆作者：王鑫方　◆指导老师：黄亚芳

> 老天给了每个人一条命，一颗心，把命照看好，把心安顿好，人生即是圆满。
>
> ——题记

如果一条河不受到阻力，长驱直入，那么它终会汇入浩瀚无边的湛蓝大海。

但人的一生不可能那么平顺。

屋后青石板上的青苔日益茂盛，在放大镜下像极了碧绿草原。

终于到了我期待的夏天。

夏天不像春天那么温柔、秋天那么优雅、冬天那么寂寞，夏天是火，是热情的代表，它炽热的火焰足以将你灼伤。夏天的清晨像是一块沉在塘底的玉石，冒着丝丝的凉意，寒气透骨；夏天的午后像是一条巨蟒，紧紧地缠绕在你脖子上，带着一股令人窒息的热。

我喜欢极了这本书。记得刚从书店回来的时候，我就对它爱不释手。甚至于每天早上起来的时候，第一反应不是按闹钟，而是本能地摸摸它温凉的书皮。("第一反应不是按闹钟，而是本能地摸摸它温凉的书皮。"这句话流露着作者对这本书的喜爱。)每次看完书的时候，我都会仔仔细细地把每页的褶皱抚平，导致母亲一度认为我转性了，好生夸奖我了一番。(母亲的反应，写出了小作者对这本书的迷恋。)

我常常问姐姐：什么是人生？人生中什么最苦，什么又是最乐呢？她常常会默不作声，留给我一个空间：你自己想吧。好几次，我看夜空的时候，都在喃喃自语:什么最苦?什么最乐?……(一连串的问题,写出了小作者对人生的思考。)

有一天下午,我坐在书桌上写作业,写累了,伸个懒腰走到窗户边上,搬一条老旧的藤椅,学外婆一样,"吱呀——"一声躺上去,一手拿着书,一手放在扶手上,时不时点点指尖。而茶几上白瓷杯里的茶水产生的水汽,使我的视线不断清晰又不断模糊。

感觉自己像走在海面上,平滑如镜,天空湛蓝,我目光所及之处,只剩下一道弧形的海平线。低头看到自己的倒影,有着熟悉的脸庞,熟悉的身体,熟悉的衣服,却让我感觉那个人不是我。这里没有人,没有我所依赖的家,没有我熟悉的环境。我的身影不断缩小,不断缩小,竟然变成幼年的我,那个我竟然蹲在原地哭了起来。一滴滴眼泪像破开黑夜的黎明之剑。

我猛地睁开眼睛,摸摸眼角的温润,看到熟悉的天花板,心平静下来了,略有些疲惫地闭上眼睛。刚才的一切,多么虚幻,又多么真实。

"人生最苦是离别。正因为离别最能使人感受到人生无常。"哦,最苦是离别。那么,最乐是不是重逢呢?

至少我是这么认为的,即使我没有释迦牟尼那样的顿悟。时光荏苒也好,时空相隔也罢,当两个相互挂念着对方的人热泪盈眶地重逢时,天下还有什么比这更乐呢?当两个依依不舍的人离别时,不管是生死离别,还是时空离别,都像锥心刺骨一样,让人痛不欲生。难道这不是最苦吗?

最苦最乐是这般,那人生呢?人生又是什么?难道仅仅就是指人的一生?那它怎么会引发从古至今,中外文人雅士对之从不懈怠的探索呢?(反问的语气,看似口语化的表达却隐含着深刻的感悟,这样的表达很有技巧性。)

想起林清玄的一句话:"心若从容,无所畏惧。"

或许真的有那么一天,我参透了人生这个玄机,直到我生命终止的那一天?

谁知道呢?谁也说不准。

窗外的雨毫不留情地打着宽大的芭蕉叶,时不时有几滴雨打进杯中。

白瓷的茶杯终是漾起了一圈圈的绿色涟漪。

点 评

本文以周国平《把心安顿好》中的"老天给了每个人一条命,一颗心,把命照看好,把心安顿好,人生即是圆满"作为题记引出下文,奠定了抒情的基调。全篇文采斐然,笔触或细腻温婉,多用妙喻;或生动活泼,引起共鸣;或深沉含蓄,令人思索。结构上层层铺设,始终围绕作品带给自己思考和感悟来写。最后一段"白瓷的茶杯终是漾起了一圈圈的绿色涟漪",让人陷入更深、更远的思考。

悦读锦囊

关于读书方法。我不能多说,只有两点须在此约略提起。第一,凡值得读的书至少须读两遍。第一遍须快读,着眼在醒豁全篇大旨与特色。第二遍须慢读,须以批评态度衡量书的内容。第二,读过一本书,须笔记纲要和精彩的地方和你自己的意见。记笔记不特可以帮助你记忆,而且可以逼得你仔细,刺激你思考。

——朱光潜

美丑悖论

——《巴黎圣母院》读后感

◆ 学校:嘉善县第一中学　◆ 作者:浦嘉越　◆ 指导老师:李燕娜

圣母院低沉而神秘的钟声响彻整个巴黎城……望向钟楼,一个敲钟人在默默地敲着钟。他奇丑无比,右腿被大瘤遮盖着,牙齿残缺不全,所有人都畏而远之。而他,就是《巴黎圣母院》中的主人公——"钟楼怪人"卡西莫多。

在这座巨大的哥特式建筑里,只有那刺破苍穹的塔楼是属于这个怪物的,那是"卡西莫多的崇高而圣洁的世界,也是孤独而绝望的世界"。或许,一切都印证了书中的那句话,"不美的人生来就错! 美只爱美"。卡西莫多生来便错,"他的全身差不多就是一个滑稽像。一个巨大的头颅上长满着红色头发,两个肩膀之间隆起着一个驼背……他看起来仿佛是一个被打碎了而没有好好拼拢来的巨人像",因此,他只能回避人群,活在塔顶。而那看似无限接近天堂的钟楼塔顶,在他看来不过是一片地狱的倒影罢了。

人们皆道卡西莫多可怕,殊不知畸形的心灵比丑陋的外表更可怕。事实上,畸形和美丽从来都不是一对反义词。人人敬畏的副教主克洛德表面上道貌岸然,过着绝嗜禁欲、岑寂清苦的日子,而内心却对世俗的享受充满变态的欲望,为此他费尽心机、不择手段。弓箭队队长腓比斯是爱斯梅拉达的救命恩人,表面上他玉树临风、气度不凡,像极了当下偶像剧里的男主角,然而实际上他只是个巧言令色的登徒浪子,为了保全自己的名誉,他眼睁睁地看着爱斯梅拉达在囚车上承受着屈辱和恐惧。

美和丑并不是绝对的。就像雨果说的那样,"丑在美的旁边,畸形靠近优美,丑怪藏在崇高背后,美与丑并存,光明与黑暗相共"。(这两句话非常简练,但同时又富有哲学意味,看来,这本书已经走进了阅读者的心灵。)雨果的《巴黎圣母院》

运用强烈的对比——"丑与美""善与恶"来展现当时巴黎暗无天日、本末倒置的社会现象。克洛德因为爱而发狂地劫持爱斯梅拉达,也因爱成恨地要置她于死地。腓比斯外表风流倜傥,内心却如一包烂瓢。即便是蕙质兰心的爱斯梅拉达,依旧看不破外表,她爱上了他,爱上了空有一副好皮囊的"花花公子"腓比斯。爱斯梅拉达的天真痴情,最终害了自己,也害死了心地善良的卡西莫多。相反,长相丑陋,在众人看来是"魔鬼"的卡西莫多则心地善良,天真纯洁,像守护宝贝一样守护着他深爱着的爱斯梅拉达。但最终爱斯梅拉达还是没能逃过被邪恶势力残害致死的命运,卡西莫多就此选择了殉情。

书中说:"美就是完整,美就是全能。美就是唯一的有生命力的东西。"人人向往美,人人追逐美,小说中的克洛德变态地爱着爱斯梅拉达,某种意义而言是追寻美的一种方式。这份爱自作品诞生以来,便受尽众人的唾骂,然而,克洛德在图内尔刑事法庭的地牢里的告白却依旧让我感动。"什么样的爱?"不幸的少女战战兢兢地问道。他紧接着说:"一个下地狱的人的爱。"没有完全的丑,也没有绝对的美,就像这份爱,既是克洛德的生机,也是让他直堕地狱的心魔。

表象声色,而皮下皆是白骨。美丑不是宿敌,它们之间,悖论重重。人心也是如此,那里藏着怎样的情愫,不用心去打量是无从知晓的。米兰·昆德拉说:"我坚信,唯美的标准并不来自上帝,而是来自魔鬼。在天堂中,没有人能区别美与丑。"美,全无标准,而真正的美是需要人们自己去发现的。

日月如流,时光不老,那圣母院的钟声依旧在我心间回荡……(本段文字量不大,但可以让我们感受到满满的正能量,这是阅读带给成长者最好的礼物。)

点 评

伟大的小说不仅仅在于它情节的曲折与惊险刺激,更在于它塑造的人物,它揭露的事实,它反映出的人性,它给人的巨大震撼。小作者将读后感的重心定位在美和丑,分别证明"畸形和美丽从来都不是一对反义词""美和丑并不是绝对的""美丑不是宿敌,它们之间,悖论重重",并最终揭示本文的主旨——真正的美是需要人们自己去发现的。

谁是你灵魂的摆渡人？

——读《摆渡人》有感

◆学校：嘉兴市秀洲区高照实验学校　◆作者：杜思思　◆指导老师：张叶萍

命运宛如一条蜿蜒曲折的河流，又如一盏雾中忽然亮起的油灯。谁成为你的灵魂摆渡人？谁又为你亮起了灯？当我翻开这本尘封在书架里的书时，这场关于灵魂的故事便开始了。

作者麦克福尔从年少的主人公的角度谱写了人性冷暖的悲歌，用细腻的笔触描绘出所有人对亲情、友情、爱情的向往与渴望。一次次惊心的经历在书里展开，有那么一瞬间，主人公迪伦扣住了我的心弦。不管是单亲家庭的生活，还是好友的离开，来自同学的嘲笑愚弄，都无法阻挡那一段段温暖坚定的故事触动人的心灵。不仅如此，它让我更能体会到存在于宇宙中的渺小的我们是多么不堪一击。往往就在一刹那，生命逝去，那一瞬间，一切都似云烟一般，轻轻散去。

合上书后，我的心思还停留在书中的某一处，悸动不已。当主人公迪伦和崔斯坦在一起经历了千难万险，一步步了解对方的心意后彼此告白时，他们即将到达边界。纵使心中万千不舍，也抵挡不过残酷的现实将他们分开。读到最后，平时不爱看这些故事的我眼眶也不禁湿润了。

青春的年华里总有大把大把花不完的时间，或是在一个无聊的课间数着窗外树枝上的麻雀，或是在一个闷热的下午埋头写着一张张试卷，感受汗水划过脸颊的瞬间。而阅读却给我这样的感觉，有些惶恐不安，害怕迪伦最后真的会和崔斯坦分开，又有些受到勇气的鼓舞，少年的爱情与坚定的力量交织，即使分开，最后他们也凭着这股力量成长。迪伦重归荒地，没有了崔斯坦的陪伴，完全从一个胆小、懦弱的人成长为一个坚强、勇敢的人。她不再害怕，而是独自穿越崇山峻岭，把崔斯坦带回人间。(作者牵挂着迪伦和崔斯坦的恋情，但还是深刻体会到了迪伦

（的坚强、勇敢。）

　　书中的摆渡人只是一个引领灵魂重回人间的工作者，带有一些神话色彩，对于很多人来说，摆渡人不仅仅是书中的一个角色，它还是赋予自己勇气和希望的治愈力量，让人在身处绝境时，依然可以微笑着面对。人生的困苦永远不止一处，当我们身处逆境时，会感到一场突如其来的雨也是天空在哭泣，又怎么看得到雨后的彩虹是那么美好而温暖呢？正如书中所说："荒原的风景如同一面镜子，折射出他们内心的景象。你哭泣，天空便因你狂风大作，阴云密布；你欢笑，身边就是灿烂暖阳。"

　　再看我们生活中的那些摆渡人，穿着白大褂的医生带着面色如蜡的姑娘走出病魔的阴影；嬉笑打闹的孩子给抹着汗扛起砖头的工人带来希望；穿着朴素的支教教师牵着孩子走出大山……灵魂的摆渡人牵引着那些世间的人，带领他们走出黑暗，走向光明。（"摆渡人"要摆渡"他人"。）

　　当我回望这些年时，在个人命运的港口，不会一直都有摆渡人。（"摆渡人"还要学会摆渡"自己"。）可只要我们坚定信念，不忘初心，就能穿过这重重的惊天骇浪，看见风暴过后的阳光。

点评

　　本文作者将一部表面上看似爱情主题的小说细细咀嚼：这是一个小女孩的心灵成长史，因为爱的匮乏，她的心是一片无尽的荒原；穿越之后，因为爱的丰盛，她蜕变成一个勇敢坚强的摆渡人，将自己的爱人引领回家，脱离无形的控制。我们在人生中，常会面临挫折与困境，我们会遇到帮助我们的摆渡者，但也可能有只能独自一人穿越的时刻。此时要保持积极乐观的心态，抱有迎难而上的勇气。这样才能最终帮助他人，拯救自己。

世界，本不是一座黑暗森林

——读"三体"系列有感

◆学校:海盐县博才实验学校　◆作者:王梓彦　◆指导老师:曹红梅

宇宙就是一座黑暗森林，每个文明都是带枪的猎人，像幽灵般潜行于林间，轻轻拨开挡路的树枝，竭力不让脚步发出一点儿声音，连呼吸都小心翼翼……他必须小心，因为林中到处都有与他一样潜行的猎人。如果他发现了别的生命，能做的只有一件事:开枪消灭之。在这片森林中，他人就是地狱，就是永恒的威胁，任何暴露自己存在的生命都将很快被消灭。这就是宇宙文明的图景，这就是对费米悖论的解释。

——刘慈欣《三体Ⅱ:黑暗森林》

黑暗森林是什么样子?

我想大家应该不难想象这样一幅图景:在某个不为人知的星球上，层层叠叠的森林覆盖了整个星球的表面。因此，在这个星球的表面上没有光亮，黑暗与未知主宰着这个世界。当然，随之而来的还有无处不在的危险。在这个星球上，有无数个手提猎枪、时刻警惕的猎人。每一个猎人一听到风吹草动，子弹就会上膛，随时准备发射。因此，一旦有人暴露自己的位置，每一个猎人，都会出于对毁灭的恐惧，为了自己的生存，开枪射击。

这样的一个世界，我想，定是非常恐怖、令人崩溃的。

也许有人会问:猎人们难道不能互相交流吗?这样岂不是可以避免一场惨剧?猎人们为什么一定要开枪射击呢?

其实，每一个猎人，对于自己的猎物，都有三种方式可以选择:交流、沉默或消灭。

在大家眼中,是不是其他两种方式都比消灭好?

实则不然。

交流,只会暴露自己的位置。万一猎物反咬猎人一口怎么办?万一被其他猎人发现,成为他人的猎物怎么办?对猎人而言,这种方法不可取。

沉默,只能是束手待毙,等来的只能是未知的危险和其他猎人的袭击。选择放他人一命,只能换来多一分危险。这种方式,也不可取。

那么,所有的猎人就只有一种选择——开枪消灭自己的猎物。(看来在宇宙这个黑暗森林中,毁灭你只是我自保的手段,你没有错,我也没有,为引出下文"缺乏交流"做铺垫。)

由此,便有了之前的黑暗森林法则。所有的猎人出击都只有两个理由:出于对毁灭的恐惧以及生存的需要。所有的毁灭都只有一个原因:缺乏交流。所有的个体都出于内心的恐惧,而不敢交流,他们把自己封闭在小小的个人世界里,苟且偷生。

这难道不是一个恐怖的世界吗?

而如今这世界,不是正越来越像一座黑暗森林吗?(承上启下,自然地引出现实生活中人们缺乏交流的一些现象,这些现象都是大家经历的或是熟悉的。)

不知从何时开始,越来越多的人的心中都竖起了一道无形的高墙,将自己的心灵与其他的心灵隔绝。开始时人们只是不愿与人交流,但他们发现自己在这封闭的世界中同样可以生存下去,便觉得,这样的世界才是正常的。逐渐地,人们从不愿交流变成了对外界交流的恐惧,只想生活在自己小小的世界里。人们不相信见到的每一个人,对别人的每一次交流,都不敢真心实意。

曾经的饭桌,气氛是多么的活跃,可是如今却死气沉沉。曾经国人引以为傲的餐桌文化,现在却慢慢地消逝。如今,一桌吃饭时各玩手机的现象越来越常见。人们总是在饭桌上埋头吃饭,互相瞥一眼也只是无言以对。然而此时手机的聊天软件却热热闹闹。一同吃饭的每个人,内心都对外封闭,只能依托于这个社交软件,聊着已经很少的共同话题。这些软件,就像一张张面具,人人都躲在假面后面,扮演着一个个孤独的角色。

曾经的公交车,人虽少,但每一次上车,都是一次奇异的冒险。车上的人不论相识或不相识,总会跟你天南地北地聊起天来。但现在,公交车上的人是越来越多,交谈却越来越少,几乎所有人一上车便拿出手机。每个人都有自己的目的地,但每个人的轨迹都仿佛毫无交集。每个人沿着自己的轨道,自顾自地闷头向前。

这样的生活,就好比人人都是宇宙中的一个星星,但每一颗星星都有自己一成不变的轨道,丝毫不受他人的影响。哪怕有任何一颗星星发出微弱的引力波,却只能接收到反弹回来原封不动的信号。

他人的航道,与我又有何相干?我想有的人定会这样想。

可是难道我们每个人生来便是如此孤独的吗?

又有谁敢说,世界,本就是这个样子的呢?(两个反问句肯定了每个人生来不是这么孤独的,世界也不是现在这样缺乏交流的。)

世界,本不是一座黑暗森林。(笔锋一转:人与人之间的交流让地球,这个人类生存的世界,变得光明,变得温暖。)

在这孤寂的宇宙中,每一颗星星都孤独地在自己的轨道上移动,活在自己狭隘的世界里,忘却了宇宙的广阔,忘却了之前拥有的浩瀚天地,忘却了可以仰望辽阔星空、处处是朋友的快乐。

我想:世界并非是一座黑暗森林。人类可以交流。人与人之间的交流是人类最大的优势。人们应该打开自己的心灵,打开与外界的沟通之门。让地球,这个人类生存的世界,变得光明,变得温暖。

我决心,从自己做起,打开心灵之门,温暖他人。

我们班有一个性格特别内向的同学,他除了上课发言外几乎从不说话。上课发言也是特别小声。因此也没有什么同学跟他聊天。每次下课,他几乎都是一个人待在座位上,看着其他同学嬉闹。我想,我要去改变这种情况。我发现他和我放学同路,就在放学的时候和他一起并排走,跟他聊聊天。我发现其实他并不是一个无趣、沉闷的人,他有很丰富的内心世界,只是没有人可以倾听他的声音。我的举动改变了他,也改变了我自己。在我的行动持续几天之后,我发现,下课时他的课桌边多了几个同学来跟他聊天。我觉得,他的性格变得外向了,他现在上课时能够主动举手发言,能够大胆地表达自己的想法了。

这次的成功使我意识到:世界,其实并不是一座黑暗森林。

几米曾在《星空》中写道:有阴影的地方,必定有光。因此,当我们觉得这个世界黑暗的时候,不过是因为我们还没有找到能够照亮世界的那束光罢了。

在宇宙中,我们所见到的许多星星本身是不发光的。若是没有照亮星星的那一束光,星星也就没有光芒;若是没有任何恒星发散出光芒,那么宇宙中所有的星星都将变得黯淡。

所以,让我们努力做一束光吧!让自己变得明亮的同时照亮他人,给予他人光明和温暖。在世界这座森林里投下点点光斑，让每一个猎人不再孤单，让世界不再黑暗！

点 评

《三体Ⅱ：黑暗森林》是典型的技术流科幻小说。本文一开始，作者表达了"在宇宙这个到处是狼的黑暗森林中，毁灭你只是我自保的手段，你没有错，我也没有"这个观点；接着，列举生活中大家耳熟能详的事例，说明了如今这个世界像一个恐怖的黑暗森林的主要原因是人们缺乏交流；然后笔锋一转——世界，本不是一座黑暗森林；叙述自己的亲身实践来证实这一观点。文章条理清晰，逻辑性很强。结尾"让每一个猎人不再孤单，让世界不再黑暗！"体现了本文主旨。

悦读锦囊

世上好书，浩如烟海，一生不可能读完，而且有的书虽好，但不能全为之喜爱。比如我一生不喜食肉，但肉确实是世上好东西。你若喜欢一本书了，不妨多读。第一遍可囫囵吞枣读，这叫享受；第二遍就静心坐下来读，这叫吟味；第三遍便要一句一句想着读，这叫深究。三遍读过，放上几天，再去读读，常又会有再新再悟的地方。

——贾平凹

我心中的鲁迅先生
——读《朝花夕拾》有感

◆学校:桐乡市求是实验中学　◆作者:王子沁　◆指导老师:钱增妍

　　一张瘦削的脸庞,透露出刚毅与坚强;两道犀利的目光,仿佛能刺破四周沉沉的黑暗;一头不屈的硬发,一根根精神抖擞地直竖着。他,就是鲁迅,我国伟大的文学家、思想家和革命家。

　　小学六年级时,我在老师的带领下阅读了"走近鲁迅"这个单元,在《少年闰土》《我的伯父鲁迅先生》《有的人》《一面》等文章中认识了鲁迅先生,知道了他是一个忧国忧民、爱憎分明,为别人想得多、为自己想得少的人。这个暑假,我细读了鲁迅先生的《朝花夕拾》,对先生又有了更多的了解,他是一个伟人,但也是一个有血有肉的凡人。《朝花夕拾》原名《旧事重提》,记述了作者少年时代到青年时期再到日本学习生活时期的若干片段,是作者对逝去岁月的追忆,有真挚的情怀,也有无奈的感伤。《朝花夕拾》中的作品都是回忆性散文,但它们不是对往事的单调记录,而是作者运用娴熟的文学手法写成的优美散文珍品。(初识鲁迅及其作品。)

(一)

　　在我心中,小时候的鲁迅勤奋自勉,但也不失可爱。他小时候便十分爱书,他最爱的事,便是到一位远方叔祖的宅子里看书,他为一册做工粗拙的《山海经》念念不忘。长妈妈帮他买到这一套书之后,他视其为心上宝物,称其为"最为心爱的宝书"。在学堂里,他因为一次迟到,在桌上刻下了一个大大的"早"字,时刻勉励自己要守时,从此,他从未迟到过,也不拖沓。鲁迅先生赴日本求学时,在藤野先生的教导与影响下,对待学习也是一丝不苟。

034

但小时候的鲁迅与一般小孩一样,调皮且有些贪玩。鲁迅被送进私塾后既调皮又爱捣蛋。那时,看戏,对所有的人来说,都是最期盼的事儿,小鲁迅也不例外。他盼星星盼月亮,在他十二岁那年,终于盼来了社戏的演出。看戏的那夜,他与小伙伴们一起,看到了一生中最好的戏,吃到了一生中最好吃的豆,我们也从中看到了一个活脱脱的可爱的鲁迅。(作者感受到小时候的鲁迅与一般小孩一样,调皮且有些贪玩。)

(二)

鲁迅先生是一个有志气的人。读《父亲的病》一文,我知道了他父亲去世时,鲁迅才十六岁,但他不得不和自己悲痛欲绝的母亲一起,忍着极度的悲痛,艰难地支撑着这个迅速崩溃的家庭。一个十六岁的少年,剩下的只有困顿、贫穷和悲凉。父亲去世后,鲁迅就代表自己一家,和族中的十多户人家议事。这些名分上是他长辈的人,常常讥讽和欺侮鲁迅。原来人间还有着这样意想不到的冷酷与阴险,这场灾难的袭击,让他看清了这人世间许多原被脂粉涂抹着的真面目。

原本,一切都是那样美好,那样和谐地点缀着鲁迅生命的清晨。这时,鲁迅瞧见了当时那些所谓"名医"的无能,瞧见了人心的险恶,瞧见了一个肮脏和黑暗、苦难与贫穷,宛如活地狱一般的人世间。因此——"走罢!"鲁迅立志学医,想要"救治像我父亲似的被误的病人的疾苦"。但在仙台学医之时,他强烈地感到弱国子民的自卑,感到当时中国人的愚昧无知,他要拿起笔来,唤醒中国国民麻木的灵魂。因此,他弃医从文,日夜不停,直到生命的最后一刻仍在写作,他要唤醒这头死死睡去了的东方雄狮。(作者认识的少年鲁迅是一个有志气的人。)

(三)

如果只能用一个词来形容鲁迅先生,那我会选择"爱憎分明"。是他,用慈爱的心关怀着贫苦的劳动人民;是他,不畏那些"正人君子"的流言蜚语,以笔为武器,揭露黑暗社会的虚伪面孔;更是他,留下了"横眉冷对千夫指,俯首甘为孺子牛"的诗句,他对弱小者的同情在文中处处可见。

小时候,一只被他救养的小隐鼠不幸被猫所食,他为此伤心许久,食不下咽,寝不安席。长大后,他为一个素不相识的车夫细心包扎伤口,还将剩下的药和绷带以及一些钱全都给了车夫。在病中之时，他还三更半夜地拿笔不断奋斗，他不但不拿这当回事，反而叫女佣阿三常常休息，不要干重活。

对暴虐者，他疾恶如仇。有人说鲁迅是仇猫的，自从长妈妈骗他，让他误以为自己的小隐鼠是被猫吃了后，他就决心和猫们为敌。同样，他弃医从文，同那些阴险而丑恶的、百般诬蔑人民群众革命斗争的现代评论派作了长期的鏖战，无情地揭露其作为帝国主义和封建军阀的奴才的阴险而丑恶的真面目。（鲁迅先生是一个"爱憎分明"的人。）

"举世皆浊我独清，众人皆醉我独醒"，鲁迅先生就是这样一个敢爱敢恨、忧国忧民的"民族魂"。《朝花夕拾》文笔深沉隽永，虽然是对幼年到青年时期的生活记录，但是透过那一篇篇文章，我们看到了鲁迅先生对封建旧社会的憎恶，对劳动人民的真诚怀念，和对新生活的向往与不懈追求。《朝花夕拾》让我真真切切地走近鲁迅，了解鲁迅。书中所传递的信念给予我启迪，鲁迅先生的精神指引我前进。

点评

本文从初识鲁迅及其作品——小时候的鲁迅调皮且有些贪玩——少年鲁迅有志气——鲁迅先生是一个"爱憎分明"的人等几个部分来谈"心中的鲁迅"，条理清晰，结合自己的读书经历，表达了对鲁迅先生的敬仰之情。

谢谢你！祥子
——给"骆驼祥子"的一封信

◆ 学校:海盐县博才实验学校　◆ 作者:张珺瑶　◆ 指导老师:曹红梅

祥子:

　　收到这封信,你一定很意外吧。此时,你也许正独自在酒馆里喝酒,喝得酩酊大醉,也许正在出殡的队伍里举着花圈,也许正静静地等待着死神的来临。不过,不管你身处何地,我都希望你能看一看这封信。

　　祥子,我深深地同情你。你生活在一个黑暗腐朽的社会,一个残酷混乱的社会,一个不让好人有出路的社会。你本是一个优秀的人力车夫,你老实、坚韧、自尊好强、吃苦耐劳。你唯一的梦想——要求并不高——就是想拥有一辆属于自己的车。为了实现梦想,你不知多少天早出晚归,忍饥受冻,省吃俭用,拼命拉车赚钱,但是这个无情的社会并没有给予你任何回报,只是让你的希望一次又一次破灭。最终,你彻底绝望了,任凭自己一步步走向堕落的深渊,变成一个潦倒、麻木、自暴自弃的行尸走肉。(简述祥子的悲惨经历,表达了对祥子的同情。)

　　祥子,我想感谢你。不知道你有没听说过这样一句话:"以人为鉴,可以明得失。"读了你的故事,我在生活中遇到一些状况时就会想起你。你的经历提醒了我,让我避免误入歧途。我也曾处于学习的低谷,濒临堕落的险境。上学期的期中考试,我由于心态不佳,没能取得一个满意的成绩,得知成绩后我很伤心。其中,数学考试我开始做得太慢,导致后面做得太匆忙,没时间检查,所以有一处算错了,错过了满分。之前有一次单元测试我也没来得及做完,所以爸爸妈妈严厉地批评我效率低下,让我加快速度。父母的批评让我更加难过,我感觉内心受到了打击。(结合自己的考试经历,感谢祥子让自己避免误入歧途。)

在接下来的几次单元考试中，我做题时一心想着："快一点，快一点。"尽管我急切地想要向父母证明自己，但成绩总是不尽如人意。三门科目的考试的选择题都因我没有认真、完整地看选项就急于选择而丢分。而每次考不好，爸爸妈妈就批评我，使我心情更加糟糕，我完全失去了信心，认为自己是考不好了。妈妈又开始关注我做作业的速度，催促我做快一点。我打算观察一下别的同学有没有提高效率的方法，却发现有些同学做作业只是为了完成任务，随便乱做，每道题只写几个字就完事，我很震惊。

后来，面对妈妈一次又一次的指责和催促，我绝望地想，不如也像那些不认真的同学那样，做作业时少写点算了。祥子，这时我忽然想起了你。我觉得我的想法就像你的结局一样——自甘堕落。我忍不住问自己，难道我也要像你一样堕落了吗？我脑海中情不自禁地浮现出了你堕落后的生活：整天吃喝嫖赌，不再拉车挣钱，而是用不正当的手段获得财富，只能勉强给人干红白喜事、做杂工维持生计，在穷困潦倒中一步步走向毁灭……你的经历让我忽然意识到，要是我现在失去认真的态度，最终也只会一步步走向毁灭！我心中一惊，再也不打算做毁灭自己的傻事了。不认真做看似做得快，但实际上就等于白做，是在浪费时间；认真做才有效果，我要对自己负责！接下来不管做什么作业，我依然保持着认真的态度，把每一题都认真负责地完成。即使妈妈催我我也不受影响。因为我知道，正确的事情就要坚持做下去！（祥子的自甘堕落警醒了作者：要对自己认真负责，认真负责地把每一题完成。）

几天后的午自修，语文老师向同学们展示了我的作业，表扬我做得认真，也批评了只写一点就草草了事的同学。我心中非常激动，也信心大增，看来我的做法确实是对的！有了老师的认可，从那以后，我做题时更有自信了，不再担心来不及，而是静下心来认真思考。在接下来的考试中，我沉着应对，取得了不错的成绩。我终于走出了低谷，重见光明，心中有说不出的惊喜和感动。这件事不仅让我体会到了"慢工出细活"的道理，还让我更加坚定做好自己的信念。

祥子，我想告诉你，不管生活在哪个时代，每个人都会遇到各种各样的挫折和苦难，只是它们有大有小。这个世界有时的确很无情，但是就算全世界都放弃了你，你也不能放弃自己！只要你做的是对的，就不要受外界的影响，坚持做下去吧。我想送给你一句话："走自己的路，让别人去说吧！"相信说不定哪一天，就会有个正义的人来助你一臂之力！

不过，祥子，最后我还是想再次感谢你。你的故事让我成长，帮助我在学习生涯的岔路口做出了正确的选择,把我从黑暗的边缘拉了回来。谢谢你,祥子!

　　祝

生活顺利,梦想成真!

你百年后的一名读者

二〇一八年八月

点评

　　这是一篇以书信的形式写的读后感,作者和书中的主人公祥子面对面交流,感情真挚。作者读有所思,读有所悟,敏锐地抓住祥子老实、坚韧、自尊好强、吃苦耐劳的好品质来感谢祥子让作者避免误入歧途;又从祥子自甘堕落的结局受到警醒:要对自己认真负责,认真负责地把每一题完成。祥子让作者记忆深刻,留下了无尽的思考与启示。

悦读锦囊

　　为什么要读书?有三点可以讲:第一,因为书是过去已经知道的知识学问和经验的一种记录,我们读书便是要接受这人类的遗产;第二,为要读书而读书,读了书便可以多读书;第三,读书可以帮助我们解决困难,应付环境,并可获得思想材料的来源。

——胡　适

心怀希望,永不言弃

——读《长征》有感

◆ 学校:嘉兴市城南中学　◆ 作者:凌溢灿　◆ 指导老师:范云良

　　"理想是石,敲出星星之火;理想是火,点燃熄灭的灯;理想是灯,照亮夜行的路;理想是路,引你走到黎明。"《长征》中,中国共产党领导下的工农红军心怀理想和光明,义无反顾地踏上两万五千里的漫漫征程,以非凡的意志成就了人类历史上最伟大的英雄史诗。

　　红军战士们血战湘江、四渡赤水、飞夺泸定桥、夺取腊子口、翻越夹金山、跨越大草地……他们硬是靠着自己的双腿,历时两年,转战十四个省,跨越崇山峻岭,纵横两万五千里,最终走完了漫漫长征路。是什么支撑着他们勇往直前? 是什么让他们坦然面对死亡的威胁? 是什么激励他们不断成长,最终走向成功? 因为希望在千千万万红军心中永存,他们希望让人民翻身做主人,永远过幸福生活! 正因为这心中永存的希望,才有了"红军不怕远征难"的精神! 正因为这心中永存的希望,红军才有了"五岭逶迤腾细浪,乌蒙磅礴走泥丸"的英雄气概。(希望使红军取得长征胜利,点明主题。)

　　每个人心中都有一颗红星,红星代表希望。在人生道路上,总有不尽如人意的挫折与磨难。但是,当人心中有了希望后,都能在困难中找到解决办法,去寻找希望的光芒。红星闪闪发光,照亮人们的心田。

　　希望是霍金的动力,他在21岁就得了肌肉萎缩硬化症。他忍受了常人无法想象的苦难,并在这苦难的熔炉中百炼成钢。他坐在轮椅上不能动弹,但他的思想与智慧却遨游在广袤的星空中,探索着整个宇宙的奥秘。疾病让他的身体无法站立,却让他坚强不屈的灵魂高高挺立。当医生告诉他他的生命仅剩下两年时,霍金并没有因病痛而放弃自己的梦想。他用顽强的意志,不仅创造了医学上的奇迹,也为人类科学的发展史添上灿烂的一笔。像霍金一样的还有海伦·凯勒、贝多芬、张海迪,这些身残志不残的人用行动证明了:只要心怀希望,永不言弃地尝试,那么生命一定不会辜负你。(霍金、张海迪的真实事例证实了只要心怀希望,生命就一定不会辜负你。很有说服力。)

人生没有永远的一帆风顺,遇到困难时,不能放弃,而是要心怀希望,去探索新的道路、新的方向。否则你将会像大文豪泰戈尔曾经说过的一样:"如果你因错过太阳而流泪,那么你也将错过繁星。"虽然我们失去了月亮,但还拥有星星;虽然失去了大海,但还有小溪;虽然失去了过去,但还有未来。是的,困难并不可怕,可怕的是不敢面对困难。只要心怀希望,永不言弃,定会有克服困难的那一天。

让我们行动起来,心怀希望奔跑,千层险,万重难,不在话下;让我们行动起来,心怀希望奔跑,杀千军,斩万马,不达目的决不停下。

 点 评

作者概括长征资料简洁清晰,能在引述的基础上很明确地提出自己的观点:当心中有了希望后,无论什么困难都能找到解决办法。然后选取霍金、张海迪的真实事例证实了:只要心怀希望,生命就一定不会辜负你。很有说服力。结尾将主题升华:心怀希望奔跑!具有感召力。

一切景语皆情语

——读《骆驼祥子》有感

◆学校:桐乡市第六中学　◆作者:陈诗漩　◆指导老师:周亚芬

"一千个读者就有一千个哈姆雷特",莎士比亚曾如此说,事实也确是如此。看过老舍的长篇小说《骆驼祥子》,很多人或为文中跌宕起伏的故事情节折服,或为生动细腻的人物形象感动,或为发人深省的主题刻画痴迷沉醉。而我,却念念不忘老舍那精彩绝伦的环境描写。(直奔主题:老舍精彩绝伦的环境描写。)

作为一代文学大家的老舍,其作品用词简练、深刻、通俗,风格独树一帜。在环境描写上,更是登峰造极,寥寥几笔便勾勒出了一番别样的风情。

请看:

平日,他拉着车过桥,把精神全放在脚下,唯恐出了错,一点也顾不得向左右看。现在,他可以自由的看一眼了,可是他心中觉得这个景色有些可怕:那些灰冷的冰,微动的树影,惨白的高塔,都寂寞的似乎要忽然的狂喊一声,或狂走起来!就是脚下这座大白石桥,也显着异常的空寂,特别的白净,连灯光都有点凄凉。(出示文中的一段环境描写。)

这段环境描写的背景是:在新年即将到来时,祥子正憧憬着新生活,而虎妞意外地找上门来,并告诉祥子她已经怀孕了,让祥子在刘四爷生日的那天磕三个头认四爷做干爹,再慢慢地让刘四爷接受祥子做女婿。祥子内心并不愿意与虎妞结婚,但虎妞是一个有心计且有些手段的人,她之前既然能先诱惑祥子与她发生了关系,此刻当然能抓住祥子胆小懦弱的性格和渴望有钱买属于自己的车的心理,软硬并施,威逼利诱,让祥子内心痛苦至极。(简述环境描写的背景。)

老舍巧妙地将祥子此刻痛苦、绝望又无奈的心理与环境描写紧密结合起来，周遭的一切都是那么灰冷，毫无生气。那惨白的高塔、大白石桥、凄凉的灯光等其实都是他惨白的内心感受的一种投射和外化。在这样一种压抑的环境下，祥子的内心只余下死寂，"他不愿再走，不愿再看，更不愿再陪着她；他真想一下子跳下去，头朝下，砸破了冰，沉下去，像个死鱼似的冻在冰里"，这样的心理刻画更显出动人的力量。

这种将语言文字的魅力发挥到极致的环境描写，显现的是老舍深厚的文化底蕴，细腻地刻画了一草一木的情态。我联想到平常自己写作时，很少会使用环境描写来显示人物内心。哪怕是在老师要求下生硬地描写了，也是为写景而写景，千篇一律而又枯燥乏味，颇有些无病呻吟的意味在内。老舍的环境描写从不显得突兀，甚至于每一个词语都自有一番意境蕴在其中，缺一不可。而自己的描写，却似在为了描写而描写，哪怕描写的景物再美丽，辞藻再华丽，也显得苍白无力，没有灵魂，也没有丝毫的意趣可言。(老舍先生在文中的环境描写具有"灵魂"，相比之下，自己平时的写作中对于环境描写就显得无比逊色了。)

再看：

走到一块坟地，四四方方地种着些松树，树当中有十几个坟头。阳光本来很微弱，松林中就更暗淡。他坐在地上，地上有些干草与松花。什么声音也没有，只有树上的几只山喜鹊扯着长声悲叫。

这段环境描写的背景是：祥子在堕落的边缘徘徊，曹先生给他机会重新到曹宅拉包月，还允许他带上小福子。祥子对生活重新燃起了希望。但他几经周折，终于打听到小福子的下落，在白房子得知了小福子的死讯，他最后的希望被浇灭了。

祥子重新燃起了极大的希望，但是希望越大失望就越大。而小福子的死就像是压垮骆驼的最后一根稻草。祥子彻底对生活失去了希望，万念俱灰。微弱的阳光、暗淡的松林、长声悲叫的山喜鹊无一不是祥子内心的悲凉、哀伤、绝望的具体写照。干草和松花这些景物更是平添几分忧愁与凄凉。

这绝不会是小福子的坟，他知道，可是他的泪一串一串地往下落。什么也没有了，连小福子也入了土！他是要强的，小福子是要强的，他只剩下些没有作用的泪，她已做了吊死鬼！一领席，埋在乱死岗子，这就是努力一世的下场头！

这是祥子在小福子坟前的一番思想独白，他最终向这个黑暗的旧社会屈服，他的心在小福子死后沉到了深渊。他知道了个人的努力、要强乃至所有底层劳动人民的性命都是一文不值的。这里的环境描写与心理描写的结合，更给人以心灵的震撼。(的确，环境描写与心理描写的结合能让读者的心灵震撼，这里再一次升华了本文的主题。)

老舍善于将文章中的环境描写与社会背景、人物心理及命运相结合。每一处环境描写都与人物的心理描写紧密契合，饱含了人物的主观思想与感情倾向。哪怕是同一场景，在不同时候的描写也呈现出完全不一样的意蕴。可谓是做到了情景交融的极致。但是在平时写作时，我们却容易将环境描写独立开来，完全没有将环境描写与人物形象、故事情节等联系到一起去，肤浅了许多。

本书中优秀的环境描写不胜枚举，我们可以从这些地方感受到老舍对于环境描写的独到之处，也可以由此产生对于写作的一些思考，在描写环境时多考虑到环境与人物心理的联系。也许我们不能够达到老舍那般炉火纯青的刻画，以及环境与人物心理的完美融合，但是我们可以通过老舍作品的阅读来汲取其中的精髓，使我们注重情与景之间的微妙联系，让自己的文章更加精进。

点评

本文作者将《骆驼祥子》中老舍先生精彩绝妙的环境描写作为读后感的切入点，然后从环境描写与心理描写、与社会背景相结合等写作手法来谈自己的写作状况，进一步赞叹了老舍先生炉火纯青的写作艺术和思想精髓。作者见解独到，感悟深刻。

阅读摆渡灵魂

——读《摆渡人》有感

◆学校:嘉善县第四中学　◆作者:冯　恋　◆指导老师:蒋　莉

如果命运是一条孤独的河流,谁会是你灵魂的摆渡人?

——《摆渡人》

在一个阳光明媚的午后,我偶然翻开了英国著名作家克莱儿·麦克福尔的著作——《摆渡人》。就这样,我捧着这本文质兼美的书,在墨香中度过了一个又一个炎热的午后。

15岁的单亲女孩迪伦在学校总受到同学的捉弄,她与母亲总是无话可说,糟糕的是连她唯一的好友也转学离开了。这一切都让迪伦感到无比痛苦。于是,她决定去看望久未谋面的父亲,却不想路上居然突发交通事故。等她逃出生天后,发现她的眼前竟是一片荒原。就在这时,她看到了不远处的山坡上独自坐着一个男孩,男孩带着迪伦离开了事故现场。但是,迪伦很快意识到,男孩崔斯坦他似乎是特意在这里等着带迪伦离开。命运的轨道在他们相遇的那一刻悄然改变……崔斯坦在第二个夜晚告诉迪伦她是唯一一个没有逃出事故现场的人,而自己则要将她的灵魂渡过荒原。令人惊讶的是迪伦淡然地接受了自己死亡的事实。我不由得敬佩这个女孩面对死亡的淡然与勇气。这世上,又有多少人能像她这样直面死亡呢?(用一个反问句感叹女孩面对死亡的淡然与勇气,情感真挚。)

迪伦和崔斯坦一起走过了有无数恶魔的山谷,一起渡过了有水怪的黑色湖泊。迪伦在崔斯坦的引领下,与恶魔勇敢斗争。他们经历了重重困难,终于到达了终点。(荒原和远方的交界处。)当迪伦准备跨越边界时,却没有看见答应与她一起离开的崔斯坦。她毅然决定:返回荒原,去寻找自己的灵魂摆渡人——崔斯坦。

读到这里，我的心被震撼了。在生命、死亡与爱的面前，迪伦毫不犹豫地做出了选择，踏上了这一条无人成功过的道路。虽然时刻面临着魂飞魄散的危险，但为了爱，她仍步履坚定地向前方走去。这需要多大的爱意与勇气啊！这个女孩是如此勇敢、坚定、执着，终于，她找到了崔斯坦！看到这，我不由得热泪盈眶，感叹于她的收获不负她的付出。接着，我又被这个女孩的善良给打动了。(作者的心被女孩的勇敢、坚定、执着震撼了。)

迪伦看到三个灵魂在疾行，其中有一个刚学会走路的小孩儿。她为了不让小孩儿被伤害，以自己为诱饵，去吸引那些恶魔。我惊呆了！迪伦一个不小心就会被拽入地下，化为恶魔，万劫不复。但她竟然为了一个素未谋面的小孩儿将自己置身险境。她赌上的是自己的性命。多么纯洁的灵魂啊！她舍己为人的高尚品质再次打动了我。最终，那个小孩儿脱离了危险，而她也被崔斯坦拖进了屋。最后，迪伦与崔斯坦回到了人间，开始了他们的新生活。(女孩竟然为了一个素未谋面的小孩儿将自己置身险境，令作者惊叹。)

在这本书中，迪伦从一开始的懵懂无知到后来的为爱拼搏，其中经历了无数无法言说的危险。她勇敢、坚定、执着，同时又是善良、纯洁、美好的。她，拥有一个高尚的灵魂！而崔斯坦因迪伦的一句"我需要你"，便与她一同返回人间，最后竟真的存在于这个世界上。这是一个史诗般的动人故事，它令人激奋，引人深思。我从中感受到了无比的温暖，感受到了高洁灵魂的美好品质。

这本书带给了我一缕纯净的光，它照亮了我的心扉，洗涤了我的灵魂。它告诉我如何去爱，告诉我如何学会坚强。我将带着它给我的启发，在岁月的长河中慢慢地向前走去……

点评

作者从迪伦一开始的懵懂无知到后来为爱拼搏的过程中，体会到她经历的无数无法言说的危险，作者的情感由敬佩、震撼到惊叹，层层深入，为她的勇敢、坚定、执着，以及善良、纯洁、美好的品质而感动。《摆渡人》照亮了作者的心扉，洗涤了作者的灵魂，这正说明了"一本好书就是指引你前进的良师益友"啊。

做勇敢的礁石

——读《艾青诗选》有感

◆学校:嘉兴市洪兴实验学校 ◆作者:夏 婧 ◆指导老师:林 洁

暑期,我拜读了《艾青诗选》。在作者深沉而忧郁的文笔中,我为之沉迷且最欣赏的一首诗歌名为《礁石》,它让我深深领悟到:一个人应如何面对人生中的挑战。(*篇首揭示主题:一个人应如何面对人生中的挑战。*)

作者在诗歌中表达了自己对光明、春天、黎明、生命与火焰的不倦歌唱,他的诗歌中有一种"忧郁美"。正如作者在《礁石》中所描写的"它的脸上和身上像刀砍过一样,但它依然站在那里含着微笑,看着海洋",这让我深刻地体会到了作者在忧郁之中仍对未来的美好生活保持向往、执着,以及对于艰苦无所畏惧的态度,让人心中一颤。(*作者从书中体会到了"在忧郁之中仍对未来的美好生活保持向往、执着",让人震颤。*)

在面对挫折时,礁石毫无畏惧,以自己坚硬的体魄、顽强的意志,去战胜挫折。每一次的战斗时而胜利,时而失败,但他从不过分骄傲,或气馁,总是以平和的心态微笑着面对。它有着拼搏的勇气,顽强的意志,惊人的毅力,去面对人生中的种种挑战。即使伤痕累累却依旧以积极乐观的心态去面对一切,向往着光明与生命。这才是生命啊!(*礁石面对人生中的种种挑战,却依旧以积极乐观的心态去面对。作者由此感悟到了"这才是生命啊!"有感而发,真情流露。*)

我由此联想到《钢铁是怎样炼成的》的主人公保尔·柯察金。他的一生坎坷多变,但无论是战场上的搏杀,感情上的波折,还是工地上的磨难,都没能打倒他,反而使他更加坚强、勇敢。即使全身瘫痪,他仍不向命运屈服,而是克服困难,用笔来战斗,他的身上有着为理想奋斗的精神、钢铁般的意志和顽强奋斗的品质,这也是我们的礁石精神啊!

在当今社会中,时常能够在新闻中看到许多中学生因成绩不理想,面对老师的责问、家长的训斥受不了压力,以跳楼或其他各种形式来结束自己宝贵的生命。我认为这并不是一种解脱的方式。人的生命只有一次,我们因为人生中遇到点小挫折就放弃生命,逃避现实,真的值得吗?明天、未来还那么美好!我们要以积极乐观向上的心态去面对挫折,就像礁石一般珍惜每一天,微笑着迎接挑战。(选取当今社会中的现实,告诫一些人要以积极乐观向上的心态去面对挫折。)

在读完这首诗后,我开始自我检讨,我也是个喜欢逃避困难与挫折的人。小时候,在面对黑压压的观众进行表演时,我紧张万分以至于舞蹈进行到一半时就卡壳了。看着大家责怪的目光,老师失望的神情,和观众的议论纷纷,我像是被施了魔咒一般动弹不得,自此,我再也没有勇气跳舞。然而,今后我要学习礁石的精神,改变自己,完善自己,成为一个积极乐观的人!(结合自己的实际情况,表明今后也要成为一个积极乐观的人。)

所以,请你微笑吧,人生还很长,挑战还很多,你未必会成功,但你一定不要放弃!微笑着看世界,迎接一切挑战与挫折,请相信,你会是那个快乐幸福的人,因为你无所畏惧!

点 评

作者从书中感受到了礁石面对人生中的种种挑战,却依旧以积极乐观的心态去面对的精神,然后选取当今社会中的现实,告诫一些人要以积极乐观向上的心态去面对挫折,接着结合自己的实际情况,表明今后也要成为一个积极乐观的人。"做勇敢的礁石"这一主题明确,作者能从一首诗歌中收获如此大的人生哲理,难能可贵。

饥饿是一种病

——读《牡蛎》有感

◆学校:嘉兴南湖国际实验中学　◆作者:王国雨　◆指导老师:陆海兵

　　浓浓的食物香气诱入鼻腔,抓住我的味蕾,刺激唾液的分泌,饥饿感吞噬了胃……这是饥饿吧。在喧嚣中,我闻见食物的美妙,便想起那篇《牡蛎》中的"我",也是同样的饥饿。

　　契诃夫的短篇小说《牡蛎》中,一个饥饿的孩子同他的父亲走在大街上。主人公"我"看见别人吃了些生吃的海鲜,叫作牡蛎,是那么恶心呢:滑溜溜的,咸咸的,还带有霉味,好似还有眼珠子在转,像青蛙一般。可是"我"饿,"我"太饿了。饥饿教"我"点头,吃了一个接一个的牡蛎。在众人讥笑的目光下,即使牡蛎何等恶心,即使嘴中充斥着怪味,"我"还是不停地吃,因为"我"饿,实在太饿了。最后,"我"生病了,似乎是感冒,揣着一团火。我想,饥饿也许是一种病吧,又或是教唆人的什么东西。(*"教唆"一词运用了拟人写法,有趣而深刻,引发读者自觉地思考"饥饿"所带来的不良后果。*)

　　饥饿是一种病,它让人产生"想要"的渴望。这就像平时买双鞋,大家总喜欢买价位高的大牌,尽管这双鞋并不是物有所值,你却总会想这双昂贵的鞋真是好啊！穿出去昂首挺胸,走路带风,别人不小心踩一脚都骂嚷许久,搞得苦大仇深。这鞋同那牡蛎一样,所以可以说,"饥饿"的感觉在生活中处处可见。这"饥饿"不仅仅指《牡蛎》中的"我"肚皮饿,还表现在其他诸多方面。(*由作品联系现实生活中的某种现象,表明作品具有强烈的现实意义,这样的思考是"真阅读"的有力证明。*)

　　社会在发展,时代在进步,当下人们的肚皮是饱的,可人们却成天感到"饥饿"。人们有时就算"吃土"也要买这件衣服、那个包包,比较鞋跟高低,比较装束多美，越是昂贵的东西，越是奢求，越是想要，越是"饥饿"。（四个"越是"构成一个排比，表达上急促有力，内容上层层递进，最后指向"饥饿"，令人警醒。）名牌的、奢华的、好看的、别致的，都要"买买买"。这样饿着饿着，就饿出了一种病，叫作饥饿。你瞧，《牡蛎》中的"我"饿出了病，在病情的催化下，吃了一个又一个那样令人作呕的东西，滑溜溜的，咸咸的，还带有霉味，你还可以想象那眼珠在转溜。这便是牡蛎了，恶心如此。可是"我"饿，"我"太饿了。如此看来，饥饿确实是一种病。而有时候饿的不是肚子，是饥饿本身。

饥饿既是一种病，这饥饿到底又是怎样一种病呢？其实我们本可以不用饥饿，它只是虚荣的贪念。那牡蛎，又有多美味呢？只不过是因为牡蛎新奇、昂贵罢了。饥饿让人奢求，不断的奢求便成了贪婪。贪婪的人是不会挑剔的，来者统统不拒，如此周而复始，就变成了饥不择食。饥饿是因也是果。因果轮回，逐渐形成社会靡费之风。（用"因果轮回"这一佛教用语警示人们"饥饿"的本质是贪婪，如果不加控制，后果将不堪设想。）

饥饿是一种病。无论碰见多少牡蛎，请切记，饥饿是一种病！滑溜溜的，咸咸的，还带有霉味的，叫作牡蛎呢。

点 评

小作者借《牡蛎》一文直截了当地指出"饥饿是一种病"，其本质是"虚荣的贪念"，这种从现象到本质的剖析方式实则是对契诃夫作品的探索，具有复杂性和深刻性。在这个倡导对话的时代里，读者应该学会与作品、作家之间对话，从而更深刻地认识世界，包容不同。应当说，本篇读后感给了我们很好的引领。

花间月下读心梦

◆学校:北京师范大学南湖附属学校　◆作者:蒋昊轩　◆指导老师:李华娟

　　月光皎皎,烛光灿灿,蝉鸣怅然残帘外,玉笛偶起送西风。月华落,金跃动,晚竹悄然菊和谐,杯酒抒与泪中愁。(抓住"月""玉笛""酒"等意象来抒写传达愁绪,喷涌而出的诗情画意带给人独特的审美情趣。)梦,归去矣;情,犹在否?

　　月中窥书,竹旁吟梦,此盖予大览后蜀赵崇祚辑录《花间集》之感。阅之情纵于花间蝶舞,韵畅然于月下樽空,梦断而又续,情剪而不终。奈何教人作空愁,使卿思朦胧,已而小述其文采纵横,以及其情思之感染。("纵横""感染"这两个词语用得绝妙,恰到好处地表明《花间集》的语言魅力和情感渲染。)

　　览夫"问君能有几多愁?恰似一江春水向东流",李后主叹然临于金陵之上,见汤汤之江水纵流东去,禁自唤叫昊天,惜失之江东。然其风花雪月时岂晓今时伤悲乎?自塑困境,丧界失国,多为懊悔不及,怀思宫乐之生活。如此,重光之词予喜之最甚,其词豪大不失小节,文儒又加风骚,不逊青莲,兼比晏公。

　　观若"小山重叠金明灭,鬓云欲度香腮雪",温庭筠漠然窥乎香妇之景,高积云鬟,簪钗影光,发垂香腮,怯眉娇眸,如出水芙蓉,赛昭君飞燕。飞卿出于温氏望族,少时苦在砚笔,工于诗赋,然放荡不修,讽贵蔑权,为人君上臣所斥,经年不仕,后常勾描闺妇之态姿,语词细腻,勾人心弦,悦人耳目之乐。

　　吟之"遥思桃叶吴江碧……相思空有梦相寻",毛文锡引"桃叶"之故,绘相见难、思亦苦之情,借"锦鳞"书音信杳无之苦,益乎情深而意浓。勾画寥寥,情意益重,天河之隔,盖与其大同。语词之选,韵律之用,辞藻朴洁,意味悠长,实为词中之鹤也。然平珪年少登榜及第,仕途通达,尝高居司徒,后随蜀地受孟氏之重,词章供奉。其缠转尘务,纠于宦途,亦可细描思妇闺怨之苦,别离之痛,实在难得;然其风韵通秀,不流尘俗,时有秀句,常带佳谣,更为乱世之珍稀。(本段语言富有文采,句式很有特色,主要由短句构成,兼有长句,骈散结合,读之有情有味。)

　　《花间集》画情细腻,作词风流,句语传情,韵笔流芳。予观夫词赋百千,有晏殊之细腻但嫌拘谨,有其子之钟情而偏狂放,有李易安之悠长虽带怅惘,亦有辛幼安之豪情却损粗犷,实不合余之偏好。(在比照中突显《花间集》的词风,细腻风流、韵笔传情,用词雅致,足见小作者深厚的人文底蕴。)虽予年少,不晓"花间"之情长梦短,然诵其诗,吟其文,览其词,歌其赋,无不流连不拔,沉迷痴醉,吟毕,皆若百废焕然,积怨释放,醉然乎其间。

点　评

　　本文篇幅不长却韵味悠长,人生哲理也蕴含其中。写作思路清晰,用"览夫""观若""吟之"三个文言词语各引领起一个层面的内容。最大的特点是语言优美雅致,富有古典气息;长句短句错落有致,骈句散句信手拈来;举例引用可谓是旁征博引,可以感受到小作者丰富的阅读积累和良好的语言驾驭能力。

悦读锦囊

　　读书时不可存心诘难作者,不可尽信书上所言,亦不可寻章摘句,而应推敲细思。书有可浅尝者,有可吞食者,少数则需咀嚼消化。换言之,有只须读其部分者,有只须大体涉猎者,少数则须全读,读时须全神贯注,孜孜不倦。书亦可请人代读,取其所作摘要,但只限题材较次或价值不高者,否则书经提炼犹如水经蒸馏,味同嚼蜡矣。

——培　根

话水浒
——读《水浒传》有感

◆学校:平湖市稚川实验中学 ◆作者:金唐正 ◆指导老师:张中法

话说元末明初天下大乱之时,中原大地纷争四起,只听得生灵歌哭。说来也巧,却是乱世造英雄,兴化出了一位异人,姓施,号耐庵。此人性格孤高,当权者屡征不应,数十年只是一心在家乡教书著述,竟然修出一部震惊寰宇的巨著。(以介绍《水浒传》作者开启全篇,"话说""说来也巧"等词带有说书人的味道,与原著的话本风格高度吻合,非常用心。)

正是:下笔天罡地煞,成书惊泣鬼神,忠义凛然凌天地,数百年风骚引领。

话说施耐庵潜心著述,穷尽平生精力,写出了《水浒传》这一千古名著,写一百单八将上山聚义后四处征战的故事。有诗为证:"水浒寨中屯杰侠,梁山泊内聚英雄。细推治乱兴亡数,尽数阴阳造化功。"

且看梁山泊一百单八将中,宋江只知招安,吴用心机重重,李逵只知杀戮……细细品味下,豹子头林冲方是水浒寨中第一等英雄。

林冲第一次出场,是在花和尚鲁智深在大相国寺中演练器械之时。那时候他是八十万禁军教头,意气风发,事业正如日中天;而鲁智深,被迫削发,只是个山野莽和尚,两人之间有着巨大的社会地位鸿沟,但是林冲看见鲁智深演武时喝彩道:"端的使得好!"口里道:"这个师父端的非凡,使得好器械!"这样一个不计较身份高低的教头,真会给人留下好印象的。

诸位看官,鲁智深在野猪林救下林冲,是因为林冲的真诚打动了鲁智深这样的江湖硬汉,他才会出手相助。正是:天若有情天亦老,情到真处最动人。(结合相关情节来评价林冲的江湖义气,敏感地捕捉到独特的视角,以个性化的思维来审视林冲的"真"。)

诸位知道林冲被高太尉陷害,在被刺配偏远州县的路上被押送公人百般羞辱,但林冲总是以德报怨。在野猪林里,鲁智深想打死公人时林冲却不念旧仇为他们求情,求鲁智深不要杀死他们。诸位看官听到这里定会觉得奇怪,在一百单八将梁山聚义中排行第六,英勇杀敌的天雄星豹子头林冲什么时候成了胆小鬼?其实林冲是个血性方刚的真男子,只是他的怒意、傲气和冲天反骨,在经历高衙内调戏妻子、被高俅设计迫害、刺配沧州、风雪山神庙、雪夜上梁山等事件后,慢慢地被挫磨出来了。最终他在火并王伦时爆发了。对于林冲,我重他真诚,嗟他遭遇,叹他英雄气概,更敬他拒绝招安的反骨。

正是:本来一意欲求全,只恨屡遭无妄灾。磨得千丈怒焰时,水浒寨中标名志。

诸位看官,先前说了林冲的英雄气概,和反上梁山后的反逆精神。且说水浒寨中一百零八好汉英勇无敌,屡败官军,连皇帝都只能招安,为何最后落得一百零八人鲜有善终?(提出问题,以引起读者的思考,为下文自己评判问题并回答问题埋下伏笔,用笔很亲切。)

好问题。

看过书的诸位定然知道,书中宋天子身边有高俅、蔡京、童贯、杨戬四大奸佞小人。高俅、童贯征梁山屡屡失利,耗尽天下钱财;蔡京、杨戬在天子面前只是花言巧语。他们多次在御前说宋江等人攻打城池不力,对国家有二心,更是毒死宋江、卢俊义。奸臣当道,这固然是梁山好汉终散尽的一大因素,可梁山内部没有导致一百单八将全军覆没的因素吗?

在众好汉中,主张招安的如卢俊义、宋江、吴用等,与反对招安的林冲、武松等人的实力极不对等。再加上许多立场模糊的好汉如公孙胜、三阮、二张几乎盲目地折服在宋江的"忠义气"下,才导致了招安的结果与起义的失败。

诸位看官,宋江乃是一个忠于朝廷的理想主义者,盲目忠君,一心想为国出力,封妻荫子,却不知他的国家社会已到了不可救药的地步。世人办事,需得银两开路,老百姓有冤屈不能报,有家不能回,这乃是官逼民反的世界,已经反上梁山的"民"却想接受招安做"官"岂不是天下笑事?还是李逵说得好:"招安,招安!招甚鸟安!"

正是:挨到门前欲贴金,不料大门是纸糊。轻轻一戳门即破,何必精修百衲衣。

自此看来,梁山好汉,值得敬佩,敬他们替天行道的豪情;值得同情,同情他们被逼上梁山的际遇；值得批判，批判他们不反抗旧制度的举动；也值得怜悯，怜悯他们被狭隘的想法蒙蔽双眼，落得曲终人散的结局。(归纳总结，分别从"敬佩""同情""批判""怜悯"四个角度来评论梁山好汉的举动，具有思辨性。)

点 评

本文如行云流水，侃侃而谈。最夺人眼球的特点就是语言富有个性，"话说""正是""诸位看官"等词语的运用使文章具有了话本风格，读者跟着文字，穿越时空，仿佛置身于茶馆，听说书人娓娓道来。写作思路经过精心安排，段落结构完整优美，文章主体部分以"正是"起笔，又以之收笔，形式新颖别致，全篇浑然一体。

悦读锦囊

阅读的第一要素，我想是信赖。相信我们所读到的东西，这常常是发生在我们少年的时候。那个年龄，心灵像一张白纸，无条件地相信任何事情。书本给我们神圣的感觉，好比人生的老师……假如我们幸运地读到真正的好书，那么，一生都将受益无穷。

——王安忆

向前！未知未来

——读《星辰夜空Ⅳ：解谜空教室》有感

◆学校：海宁市丁桥镇初级中学　◆作者：许雨婷　◆指导老师：徐文立

　　未知是一片茫茫的迷雾，让人竭尽全力想伸手将它拨开；未知是一道弯绕的难题，让人提笔，绞尽脑汁想将它解出；未知犹如一个冷漠的美人，一朵带刺的玫瑰，神秘又充满诱惑。当你面对未知时会怎么做？止步不前，被困难击退？还是昂首挺胸，大步向前，向它发出挑战？十二星座女孩给了我们最好的答案！（惊艳而又充满悬念的疑问拉开读后感的序幕。）

　　《解谜空教室》是一本让人初读时轻松愉快，细细品味时会深思的书。它主要讲述了在星子魔法高校学习的星菀婷写下一封信而引发的诸多事端。那封信犹如一根导火索，先是扑朔迷离的白兔失踪事件，再是两大高校的冲突升级，还有钟表店那带着感伤的姑娘……神秘的记忆碎片接二连三出现，星菀婷和她的十二星座朋友们齐心协力，撩开空教室的面纱，数年前十一名学生突然消失的真相逐渐浮出了水面……

　　我的心随着星座女孩们沉沉浮浮——当她们奋力追寻兔子时，我为她们呐喊，并希望那只兔子被快些找到；当她们陷入黑暗的地宫时，我为她们担心，并希望陶简凝的记忆能帮助她们顺利返回；当她们向自己的理想进发时，我为她们加油，并希望她们能踏上理想的人生旅途……即使合上了书，学霸星菀轩、女王星菀婷，还有活泼的陶简凝、神秘又忧郁的乔韵月……也还在我脑海中徘徊。忆起她们的故事，我的心海总荡起一阵阵涟漪。（用排比的方式串联起书本中的精彩内容，简洁而不失神秘。）

　　星座女孩们在探寻记忆碎片的真相的过程中害怕过吗？她们有没有一刻想过退缩呢？害怕是一定的，在意外掉入地宫后，她们有过一时的惊慌，但她们没有坐着等死，而是向前探索。正如书中所说："虽然前方有着未知的危险，可是留在原地也做不了什么，还不如行一步看一步，先往前探探再说，说不准出口就在不远处呢！"（巧妙地由对书本内容的叙述转入对"未来应有明确人生目标"的论述。）

未来是迷茫的，有许许多多的人都不清楚自己应该做什么，想做什么。但这本书中的星菀轩等女孩不一样，她们有自己明确的人生目标，并为之不断努力，最终从事了自己热爱的工作。那创作了这本书的她呢？在小才女作家椋汐充满魔力的笔下，每一个角色都被赋予了生命，有了各自独特的性格。她对写作有着莫大的兴趣，从《星辰夜空Ⅰ：疯狂三人帮》到这本《解谜空教室》，她用文字搭建着自己的王国。未来的人生尚未可知，但她坚定方向，毅然决然地走上文学创作之路。功夫不负有心人。文字成为她阅读世界的枢纽，也让我走进了她创作的世界。"夜里，写累了的时候，我常常想，在这浩渺的宇宙中，会不会真的有一个王国诞生于我小说开始的那一刹那，我小说中的那些人都存在着，慢慢随着我的文字而生动活泼。若真如此，我怎能辜负，怎能抛弃自己的双手亲自创造出来的一草一木！"椋汐大步迈前，去探索未知，用汗水浇灌理想和未来！（从书中内容到作者心路，汲取到的都是满满的正能量。）

法布尔在《昆虫记》中说："我知道，探究事情的原委和来龙去脉是非常繁难艰辛的。你可能会像是踏入流沙里似的，因为那是个神秘的领域，变化多端，一不小心就会陷下去无法自拔的。难道因为危险就放弃这种探索吗？为什么要放弃呀？"

正是由于一代代科学家、学者的前仆后继，不断探索，才构成了我们现在这个精彩纷呈的世界。美丽深邃的宇宙、黑暗神秘的深海、有趣奥妙的微小世界……一个个未知的奥秘散发着诱人又危险的光芒，等着人们去探索、去发现。荆棘丛中是绚丽的鲜花，未知的背后是事实的真相！

在追求与奋斗的旅途中，我们不可避免地会遭遇挫折、失败，但这不是很好吗？挫折与失败会让我们更明白成功的来之不易。未来属于大胆向前探索未知的人！

点评

小作者用一个个巧妙的问题，让文章内容犹如小说般跌宕起伏，悬念迭起。由精彩的书本内容谈至古今中外学者的有益探索，引经据典、文采斐然，最后发出誓言："未来属于大胆向前探索未知的人！"

这个世界不是童话

——《左安的世界》读后感

◆学校:嘉兴市秀洲现代实验学校 ◆作者:高可涵 ◆指导老师:倪玉凤

"不管世界大不大,就是不想永远生活在垃圾堆上。"

这是一本书,它属于一只狗;这是一个世界,它属于左安。在阅读这本书之前,我从没注意过狗狗的笑脸,或是狗狗的内心世界,殊不知,流浪狗左安的内心世界竟然如此繁华。(用"繁华"来形容一条狗的内心世界,令人惊艳的同时,也能够从中看出作者对左安丰富内心世界的惊诧。)

左安,你是一只串儿狗,有一对大大的耳朵,没有被子盖的时候能用耳朵盖住自己,真幸福。你还有一个爱你的主人,真幸福。一只狗的一生,可能就是这样的吧。可是有一天,你被生活赶到了垃圾堆上,再没有锦衣玉食,靠着从野猫口中抢来的香肠度日,但你依然认为"其实,生活没丢丢他们想得那么复杂"。

真的吗?左安,一只身材娇小的可卡犬,你甘愿一辈子生活在垃圾堆上?不,你坚持着,你所做的一切不仅仅是为了活下去,还是为了更好地活下去。

"我看过世界之大,也曾被它抛下,世界上平庸的狗狗如此之多,不缺我这一只。"(化身左安,满满的无奈、无依之感。)

世界上平庸的人也不少,不缺我们这几个,不想一辈子仰望别人,就要努力登上顶峰。我们的生活会有许多无奈,我们无法也无力去改变,但更糟的是,我们失去了改变的想法。左安没有,你没有放弃。就算你没有强壮的身材,可你有智慧,你坚信"曾经属于我的必将归还于我,曾经鄙视我的也必将惧怕于我,曾经不属于我的最终都要臣服于我"。不付出,就永远无法赢得这个世界的目光。(掷地有声的文字,字里行间里看得出作者对自己的人生信条无比执着。)

可这个世界对左安来说是如此现实,如此唯利是图,这个世界不是童话。左安最终还是败给了这个世界,败给了出卖自己的朋友,败给了见利忘义的小人。

可是我们终究无法指责他们什么,毕竟,人都是为了自己而活,狗也一样。每个人都是自己星球上的小王子,那么孤独;可是,也有些人没有小王子的天真,他们渴望被人仰望,他们忙着追名逐利。

"我不后悔自己曾为了这个目标,如履薄冰,不择手段。我难过的是,最后的最后,仿佛没有一个人能理解我。"(少年的世界里,总有一份不被理解的孤独,这份孤独,让作者的内心世界更加靠近左安。)

放眼远方,一片汪洋,身后打来一个巨浪,漂泊的小船多么迷惘,究竟搁浅在哪一个荒芜的小岛?

与老人为伴的黑金,回到了家的茉茉,为梦想献身的丁丁,他们改变不了这世界,但他们没有改变自己,不忘初心,方得始终。

这个世界不是童话,这个世界不会变,可是左安,你从未辜负过这世界,你的努力不是为了虚荣,只是为了赢得尊重,为了自己,为了家人。左安,你还是左安,你遭受了这个世界的白眼与欺骗,你却依然拥有属于自己的世界。时间会走,天还会亮,你摆脱了碌碌无为的命运,你创造了属于自己的奇迹。

对了,左安,要一直笑啊。

点 评

小作者以一种既为左安不平又对左安赞赏的口吻娓娓道出自己的所感,虽有淡淡的忧伤,却掩不住那股要冲破世界、创造奇迹的执着信念。

善良一点
——读《奇迹男孩》有感

◆学校:嘉善县泗洲中学　◆作者:徐晨燕　◆指导老师:冯文燕

奥吉,一个普通的男孩,像大多数男孩一样,他有着一个飞向太空的航天梦,他热爱科学,善于思考。他和常人一样有一对爱他的父母和一个懂事的姐姐。

奥吉,一个不平凡的男孩,一出生就收到了预告死亡的通知,先天的面部畸形让他饱受外界不善意的眼光,只能紧锁在自己的世界里,独自品尝孤独的滋味。

奥吉,就是这样一个普通而又不平凡的男孩。(简洁而清晰地勾勒出奥吉的性格。)

奥吉的妈妈这样说:"心灵这张地图,给我们指引前方的道路;外貌这张地图,则记录我们走过的路途。这张地图从来都不丑陋。"是的,外貌从来不是评判一个人的标准,更无美丑之分。茨威格评价列夫·托尔斯泰时说"他的额头像用刀胡乱劈成的树柴,皮肤像村舍外墙……留给人的总印象是失调、崎岖、平庸,甚至粗鄙。"但同时,茨威格说他的眼睛"可以照耀在精神世界的最高处,同样也可以成功地把探照灯光射进最阴暗的灵魂深处"。即使托尔斯泰外貌平庸,但满腹经纶的才气以及同贫苦百姓同呼吸共命运的情怀,足以让人们透过外貌去欣赏他的精神内涵。(引用名人语录,引导读者关注奥吉的精神世界。)

面部畸形、外貌丑陋是一种缺陷,霍金的卢伽雷氏症不也是一种缺陷? 他全身瘫痪,只有三根手指可以动,无情的病魔将年仅21岁的他禁锢在轮椅上近半个世纪之久,但他不曾放弃自己,最终证明了广义相对论的奇性定理和黑洞面积定理,提出了霍金宇宙模型。他用人生经历证明,缺陷不应该招来恶意。由于他的缺陷,让我们对这位伟大的物理学家倍加崇敬。(通过霍金的经历,让我们更明白"善良一点"的具体含义。)

"金无足赤，人无完人。"其实我们每个人都有缺陷，或许是匆忙间落下东西的粗心，或许是一点即燃的暴脾气，又或者是不敢作为的怯懦，甚至可能是一个爱咬指甲的坏习惯。我们每个人本就不完美，又何必用完美的标准框定他人？（一连串细节的排比加反问，强调了对缺陷的宽恕。）

如果你像书中的杰克一样，忽略面貌的瑕疵，用善良的心去了解他人，你会发现不完美之人的完美之处。

善良一点，因为心灵的缺陷才是最丑陋的缺陷。

善良一点，因为心灵的美好能填补一切缺陷。

善良一点，因为善良是给你也是给他人最好的礼物。

点 评

小作者从奥吉的故事说起，引经据典，通过名家的言论和事迹一次次佐证外貌的缺陷无法掩盖精神的光芒，劝诫我们无论何时何地，都应对这世界心存善意。

悦读锦囊

只看一个人的著作，结果是不大好的：你就得不到多方面的优点。必须如蜜蜂一样，采过许多花，这才能酿出蜜来，倘若叮在一处，所得就非常有限、枯燥了。

——鲁　迅

白月光与雪

——读《我的世界下雪了》有感

◆学校:桐乡市崇德初级中学　◆作者:陈依琳　◆指导老师:沈冬明

亲爱的迟子建:

你好!

突然给你来信,我猜你定是满头问号:"你是谁呀?"我呀,我是一名平凡的初中生。我来自距离漠河3000多公里的浙江桐乡。这封信写在2018年。(通过写信与作者对话的方式来拉开读后感的序幕,很有新意。)

不要吃惊,是真的。一切都源于一本书——《我的世界下雪了》。哈,我真的没骗你。是这本书,让我认识了你。

你知道自己长大后的故事吗? 你考上了哪所大学? 你从事了一份怎样的工作? 你定是想得打紧,迫切地欲知晓:自己会成为一个怎样的人? 是否会成为自己曾经最厌恶的一类人? 是否会后悔,是否会遗憾?(一连串的问题激起了读者们内心的波澜。)

可别着急,坐下来吧,躺在宽阔的草坡上,望着蓝蓝的天,让我慢慢地告诉你。成长为一个"红颜读书郎"的你,钟情于作文,然而高考那年,你的作文离题,你考入了大兴安岭师范专科学校。在这个没有围墙的学校,你伴着原野,面对山林,踩着草滩,做起了作家梦,它把你包裹得严严实实,你活着,活得充实而又自由。你"身居陋室,心却能在千山外"。你成为了一名作家。

《我的世界下雪了》便是你的一本散文集,你不经意写就这些文字,它们也不经意地像野草般生长。它虽是"野草的呼吸",却与你的呼吸缠绕在一起,融合后,化作了不老的"宁静与超然""安详""平和",一路与你同在。

你生于大雪纷飞的漠河,寒流环绕冰城,雪花弹拨森林,远山苍茫,近山亦苍茫。我啊,生于江南的我啊,真真爱慕于它。

我爱慕"伐木小调",生于苍茫,融于"顺——山——倒——啦——"的呼喊……

我爱慕"撕日历的日子",撕掉的日子"一个也留不下来,统统飞走了",它成了一块沉甸甸的砖头,"压在青春的心头,使青春慌张而疼痛"。

我爱慕于"最是难扫的花影","重重叠叠上瑶台,几度呼童扫不开。刚被太阳收拾去,又教明月送将来。"……(用诗一样的语言,用近乎倾慕的口吻娓娓回忆书本里的种种美好。)

我爱慕"年年依旧的菜园","人一代代地老下去,菜园却永远不老"……你在这篇文章末尾写道:"我的手是粗糙而荒凉的。我的文字是粗糙而荒凉的。"不是的,你的文字像菜园一样,养活我的命。"谷子是粮食啊,人是靠它才活命的啊。"文字也是粮食啊,人也是靠它才活命的。

但我,最爱慕你"下雪的世界"。我一直在寻找雪:雪啊,如晚春时柳絮几缕,似迟夏时芦苇一点,然而暮冬时雪两三粒而已……依旧,我寻找雪,寻找"清凉而又忧伤,浪漫而又寒冷"的雪的世界。今年,雪下得格外大,啊,真好!像个奇迹一般,那么白,那么透明,那么柔软,是来自月亮上天使的眼泪。走在雪中,我白了头。当我老时,发丝斑白,它会与雪相融,连我也分不清是白发,还是白雪。到那时,我就真正地消失在雪中,雪就真正把我带走了。"是的,我的世界下雪了。"

呀!马上就要分别了,书就剩下几页没读完,我要离开书中的世界回去了。我很开心,真的,因为能遇见你……

我好想去漠河,想去北极村,我还想去北极,去看看杰克,那老人和那座冰房子,一起拾月光吧!你是那儿的一颗星星,你说我也会是吗?如果是的话,我几十年后,也去那里好吗?若是我有幸能去漠河,你也一定要来桐乡寻我啊!好吗?

此时窗外亮极了,满是白月光,好像雪一样。你那下着雪吗?(清新而温情的道别,像极了白月光与雪交织的场景。)

祝好。

你的(梦中的)朋友
二〇一八年八月　一个白月光的晚上

点评

在小作者的笔下,信已不再是家常的唠嗑,而是温婉的问候,是唯美的回忆,是爱慕,是期待,是对书本内容绵绵的缱绻。

悦读锦囊

真正的文学和菩提花一样。常常需要一个时间距离,来检验和评价文学的力量和它的完美的程度,来领会它的气息和永不凋零的美。时间一方面能使爱情和其他一切人类感情以及对人的怀念冰释,但是另一方面却能使真正的文学永垂不朽。

——巴乌斯托夫斯基

走向雪深处

——读《我的世界下雪了》有感

◆学校:嘉兴市秀洲区高照实验学校　◆作者:徐若怡　◆指导老师:周惠园

不知怎的,最近总是嗜睡。刚轻伏于摆着绿色植物的桌上,惺忪的眼便渐渐闭上了,闭上了……

思绪混沌起来,只觉得有一股力幽幽地牵引着我。我随着它轻轻地往前走啊,走啊,不知走到了何处。似乎有什么东西落到我的身上,凉凉的,痒痒的。不多时,这东西的触感又变成绵柔,忽然又消失不见了。这绵柔的触感唤醒了我的意识。我睁开眼,想要寻找它的踪迹。呵,看啊,一点点细小的白色从空中悠悠然飞舞而下,落入茫茫的大地中,与世界融为一体。下雪了。(娓娓叙述中,不知不觉跟随作者沉浸到了书中的白雪世界。)

雪笼罩着世界。放眼望去,空中,地上,全都笼着一层薄薄的雪纱,苍苍茫茫。然而,当世界只剩下这样的白色时,又怎样呢?雪跳跃着,渴望找到心灵的依托,却无法如愿,只得用最后一缕哀伤化作冰凉的眼泪,如此孤寂,如此凄婉。

"我的世界下雪了……下雪了……"雪水朦胧中,一名女子穿着淡雅的白衣,长发轻飘着,轻声地反复念叨着。她的目光像深潭,闪过数不尽的忧伤。声音凄凄啼啼的,直揪着人的心。我细细地感受了一阵子,再次回神时,却无论如何找不到她的身影。而另一边的雪景中,出现了另一幅画面。一对幸福的人儿手牵手走在蒙蒙细雪之下,山水犹绿,仿佛一切都因他们而美丽。这样的美好不知过了多久,忽然,山水花柳亦如一缕青烟消逝,那个身材健壮的男子忽然倒下,化作一摊雪水,留下一个孤独的人儿。她的笑容凝固了。雪还在下着,更猛了,似乎要把她刮倒。我能感受到她的无助,感受到她深深的悲哀。我真想立刻跑过去,替她擦擦泪水,告诉她"别难过"。可是内心某个角落突然被激发出的情感,让我的腿抬不起来。泪水顺着我的脸庞流下,我深深地陷入这种情感,无法自拔,这一刻我跟她一般,需要人擦泪,需要人安慰。

我仿佛又看到了从前隔壁的婆婆,看到了她临走前那张苍白的脸。婆婆生前最疼我了,每当父母不在家时,我便用稚嫩的小手敲响她的家门。她总是轻轻地打开门,笑呵呵地将我迎进屋里。(插叙温暖回忆,打开记忆闸门。)她给我吃糖果,为我讲笑话。我很乐于去她那里,她也从不嫌我烦。婆婆的孩子们去了远方,大概她也将我当成了一个伴吧。我童年的很多美好记忆,都是来源于她。长大了,我便将她当成一个知心朋友,她总会耐心地与我分享所有的快乐,听我诉说所有的烦恼。她与我,不是亲人胜似亲人。但是,那场疾病,夺走了她的生命。我和她所有的回忆都永远只能是回忆了。她走了,我觉得世界上再没有一个人能比她更爱我了,再没有人能比她对我更好了。我于是整日魂不守舍,不想与任何人交流,用一颗强撑着的心面对生活。现在见到书中那个痛失爱人的她,心中不由得无限叹息。(作者徜徉书中,与"她"同甘共苦。)

"我的世界下雪了……"那个女子念着,她抬头,目光望向了我。她看到我了吗?人生无常,总要经历些生离死别,方才圆满,这便是悲哀。生命不过花开花落一场。我们并非掌管生死大权的神仙,又能如何呢?倒不如坚强地面对属于我们自己的美好。我惊讶于自己有这样的想法。泪眼蒙眬中,我看见不远处的她,擦擦眼泪,向我走来,她微笑着牵起我的手,带我走向雪深处。

有那么一瞬间,我看见所有消逝的青山又出现。雪是孤独的,然用心品,实也美好。学会面对孤独,面对心中的丑陋,也许,会更舒坦吧。(读到深处,心门打开,阳光朗照。)

雪一下子不见了,我缓缓地睁开眼,抬起头,眼前是我熟悉的一切。桌子的右手边,端正地摆着一本书,书的封面上,赫然印着"我的世界下雪了"。

点评

小作者以一种奇幻的方式邂逅书中的美丽,与书中人物发生了一次刻骨铭心的相遇,带来一场心灵的洗礼。

坚　持

——读《长征》有感

◆学校:海盐县实验中学　◆作者:赵祝悦　◆指导老师:徐琳娜

　　一本红色封皮的大部头书,静静地躺在书桌上。阳光下,一只猫慵懒地躺着,享受着难得的午后阳光。窗口的一抹斜阳,像片片碎金铺在书上。

——题记

　　望着如词典一般厚度的《长征》,心中莫名生出几分抗拒。翻开书,一不小心便栽进了漫漫的历史长河。尽管这本样貌平凡而且厚重的书使我抗拒,但它还是吸引着我。血漫湘江,江水因注入了过多的鲜血而变得黏稠,缓缓地流淌着,令人触目惊心。那是一场怎样惨烈的战斗:

　　"李天佑师长站在指挥所的掩体上已经忘记了头顶上盘旋的敌机,因为不断地从他眼前抬下去的负伤和牺牲的官兵令他万分焦急:十四团政委负伤了;十五团参谋长何德全报告说,团长白志文和政委罗元发都负伤了,两个营长也已经牺牲,全团伤亡已达五百多人。"是怎样的焦急,才让他忘记了头顶盘旋的敌机,将自己的生死置之度外,这注定是一场恶战。我的心不知不觉地悬起。

　　电报的消息让人了解到局面有多糟糕:灌阳敌人占领新圩,正向红军追击。"三十四师及六师二团被切断。八军团不知。五军团无联络,但我们估计主力已通过,正至麻子渡方。四师一部在光华铺被敌截击。五师及六师尚未完全抵达……六师之十八团于陈家背被切断……"一个个噩梦般的消息,令我怀疑红军能否坚持下去,能否胜利。(巧妙地截取电报片段,渲染惨烈画面,为下文的"坚持"作铺垫。)

　　那是怎样悬殊的战斗啊,在悬殊的战斗实力对比下,红军拼尽全力与湘、桂两军战斗,密集的子弹如网一般扑向红军官兵。我的眼中似乎也要燃起怒火,拳头不自觉地握紧,恨不得请来天兵神将助红军一臂之力。坚持,红军依旧在坚持,子弹打完了,上刺刀,刺刀打坏了,用拳打,用牙咬,他们用自己宝贵的生命为部队留下更多活下去的希望。

可我呢,又有多少次坚持到底?一道题,我已经苦苦思索十多分钟依旧无果,我有些灰心地趴在桌子上,试图在字里行间寻找解题思路的蛛丝马迹。好不容易才抓住了一根救命稻草,我揣着兴奋不已的心情,挥笔如飞,结果只是歧路一条。那一瞬间,喜悦像泡沫一般破裂,消失得无影无踪,望着密密麻麻打满草稿的纸,我不禁怒从心起。我愤怒地摔下笔,翻出答案,竟发现原来与成功只有一步之遥。可惜我没有坚持下去。而且,有时我看了一半书,又偷懒跑去干别的事。(以"长征"中勇士的坚持反观自己生活中的懒散松懈,充满自省。)

而红军未曾放弃,即使深陷敌阵,只要还有一口气在,他们就奋力战斗,直到生命的最后一刻。也正是这种坚持不懈的精神,才让他们从松潘大草地中走出。"没有树木,没有石头,几乎没有干燥坚硬的地面,只有生长在沼泽上的一丛丛几尺高的乱草。黑色的积水散发着腐味,草丛下是无法预测的泥潭……草地里的水是淤黑的,有毒,喝了肚子发胀,还会死。如果脚被划破了,伤口被水一泡就会烂。"面对如此凶险的草地,为了与别的红军会合,除了坚持走过去,别无他法。随处可见的泥潭,似一个个张开的血盆大口,等待着猎物上钩。红军们义无反顾地踏进了草地,不断向前。断粮、寒冷、生病的危机接踵而来,可他们依旧坚持着。(罗列无数"不放弃"的画面,铸就坚持的精神防线。)

坚持过,努力过,才有回报。每逢周五,我都要去跳舞。或许我天生不是跳舞的料,动作记不住,节拍跟不上,手脚动作不协调,还要承受老师或同学们异样的眼光。终于,一次临近跳舞课时,我死活不肯去。母亲劝导无果,也只好作罢。时间的指针越逼越近,父亲严厉的命令和怒火使我难以抵抗,只好乖乖地去上课。或许是知晓了反抗的后果,每逢周五我都自觉地去上课。时间对我的磨砺与我的一切努力终于有了回报,换来了一张舞蹈九级证书。那一刻,我不由得感谢当时的坚持和父亲的命令。

或许,这便是坚持。(由长征到舞蹈,"坚持"是永恒的心灵主旋律。)

阳光依旧温暖,天,蔚蓝如碧,心中却多了一份坚持。

点 评

作者截取一幕幕艰难被坚持克服的画面,让我们感受到每一次胜利后的回望,都少不了"坚持"的背影。

悦读锦囊

世界文学的辉煌殿堂对每一位有志者都敞开着,谁也不必对它收藏之丰富望洋兴叹,因为问题不在于数量。有的人一生中只读过十来本书,却仍然不失为真正的读书人。还有人见书便生吞下去,对什么都能说上几句,然而一切努力全都白费。因为教养得有一个可教养的客体作前提,那就是个性或人格。没有这个前提,教养在一定意义上便落了空,纵然能积累某些知识,却不会产生爱和生命。没有爱的阅读,没有敬重的知识,没有心的教养,是戕害性灵的最严重的罪过之一。

——赫尔曼·黑塞

让每个人都被这个世界温柔以待
——读《奇迹男孩》有感

◆学校:海盐县博才实验学校　◆作者:周芸伊　◆指导老师:曹红梅

"世界上每个人一生中都至少应该获得一次全场起立鼓掌的机会,因为我们都胜过这个世界。我叫奥吉。我,就是一个奇迹。"

今年暑假,我有幸读到了这本《奇迹男孩》,走进10岁男孩奥吉的世界,感受勇气、善良、友谊、爱与宽容的力量。奥吉由于一些原因,天生面部畸形,也因此从小便被异样的眼光包围。10岁前的他,只好整天待在家里,甚至终日戴着一个宇航员的头套。而爸爸妈妈、姐姐维娅、狗狗黛西便是他的全世界。但10岁那年,他进入了毕彻中学,遇见了图什曼校长和杰克、萨默尔等小伙伴,以及并不友好的朱利安。在这一年中,他与全校同学一起相处,学习爱与宽容,共同成长。终于,他被所有的人接受,并在毕业时获得了学校的奖章,令全校师生起立鼓掌。

在这本书中,好像所有的人都是善良的,都在携手成长。作为主角的奥吉,生来便不太幸运,但他的勇敢、包容的品质是那么可贵。他走出了自卑,走出了封闭,勇敢地让自己那张不太一样的脸绽放在人群中,勇敢地接受所有人异样甚至嫌弃的眼神,接受那些伤人的流言蜚语。他受到的伤害我们无法想象,而他的宽容又有几人能做得到?试问谁能忍受别人的指指点点,特别是在自己什么也没有做错的情况下?奥吉作为一个孩子,以一颗充满爱与友善的心包容了不少同龄人甚至大人的无礼,他相信人们没有恶意。这是多么令人佩服的品质!(小作者认为,再千疮百孔的外表,只要拥有完整健康的灵魂,就拥有了一切。)

奥吉的美好心灵,源自他的爸爸妈妈以及姐姐的充满爱的呵护、教导。父母的温柔理解使奥吉有了倾诉的对象,没有隔阂的交流,让他能愉快成长。而姐姐维娅为弟弟的付出同样使我感动。上天待人是公平的,奥吉固然不幸,维娅的童年难道就是完美的吗？一直以来，家里人好像都更加关心奥吉。但她从来没有一句怨言，反而在照顾自己的同时尽心尽力地保护弟弟。"'维娅的妈妈'只出现了一小会儿就回去了。不过，我很理解，奥古斯特的情绪很糟。"读到这句维娅的内心独白，我的心好像是被揪了一下。她心中的宽容、善良值得我们学习。（字里行间我们看出，在家庭的呵护与温情的朗照下，再贫瘠的童年，也会变得肥沃。）

　　而给我感触最深的恰是奥吉的同学，他们是杰克、萨默尔。遇到奥吉这个特殊的同学时，几乎全校人都在躲避他、嘲笑他，是杰克与萨默尔向奥吉伸出了友谊的手。在纷乱自私的人群中，他们坚守着心底的友爱、善良，用爱做眼睛，看透是非善恶。由于其他同学对奥吉长相的厌恶，他们若是选择与奥吉为友，便注定要失去其他朋友，甚至同奥吉一起被其他同学孤立。其他同学与奥吉，就好比大陆与孤岛，但奥吉与萨默尔毅然选择了孤岛。这份勇气多么值得赞颂！而这份勇气的源头，便是善良。其实天生有所欠缺的人，在我们生活中也有不少。可是能像杰克、萨默尔一样用友善来对待他们的人却少之又少。（友情的滋养也是人的一生独特与宝贵的财富。）

　　记得小学隔壁班上，有一个天生智力有缺陷的同学，她几乎不能学习，行动也与常人有些区别。几乎所有的人都对她避而远之，背地里都叫她"傻子"。甚至有一回，我的一个朋友在距离她只有几米远的时候，与其他几个同学说着嘲笑她的话。她虽然智力有缺陷，但也能感受到他们的恶意。当她边哭喊边向他们跑来时，他们却嬉笑着逃走了。如今想来，我异常难受。无论她是怎么特殊，她都和我们一样是一个有感情的人啊！人人都应该享受公平的待遇，像他们这样的孩子，已经足够不幸了，我们又有什么资格再去伤害他们呢？人没有贵贱之分，谁都不是生来就该被嘲笑的。试想一下，这样肆意的捉弄、刻毒的谩骂，如果放在我们自己的身上，我们会怎么样？但有人却把这样的伤害无端施加在这些人身上，这种冷酷无情真的让人不寒而栗。

　　所以，善待这些特殊的人吧！给他们多一点爱。他们理应与我们一样被关怀，他们也一样懂得友爱。在我居住的小区里有一个与常人不太一样的阿姨。也是由于先天的原因，她的智力永远好像只有幼儿园水平，尽管她已经40岁了。小的时候，我好像是所有的孩子中唯一没有捉弄过她，并还会对她笑，跟她打招呼的一个孩子。而令我惊讶的是，10年后的现在，她见到我还是会像个孩子一样，兴奋地喊我的小名，那么亲切，那么温暖。我的妈妈曾经也有一个类似的特殊学生，智力缺陷使他无法学习，平时在学校的生活也常需要老师的帮助。可就是这样一个学生,在教师节给教过他的所有老师都画了一张贺卡,虽然真的算不上好看,但这份认真,这份对老师的爱、感恩是许多人都比不上的。所有的人都是有感情的,不论相貌多么特殊,能力多么欠缺。像奥吉一样的人有很多,而他们心中对这个世界的爱,对所有人的友善,都应当被肯定,被接纳。让我们多给他们一些爱的回应吧!让这个世界多一点善意,少一点冷漠。每个人都是一个奇迹,每一个奥吉都需要更多的杰克、萨默尔给他们温暖和爱!(对照书中和现实的差距,呼吁更多温暖与接纳。)

愿所有像奥吉一样特殊的人,都被这个世界温柔以待。愿每个人心中都能多一点爱。

点 评

《奇迹男孩》一书用缺陷传递温暖,而小作者则将这份温暖接力下去,从自身践行开始,去唤醒这个世界的善意。

出走半生，依然少年
——读《水浒传》有感

◆ 学校:嘉兴市蓝天学校　◆ 作者:刘佳荣　◆ 指导老师:刘红燕

　　打开《水浒传》，一群好汉谱写了"路见不平一声吼，该出手时就出手，风风火火闯九州"的壮丽篇章。众好汉中，鲁智深独得吾心，因为他"出走半生，依然少年"。(作者从诸多英雄中选取最得他心的一位，匠心独具地采用小标题的方式全方位地剖析解读，读出正义、读出力量。)

少年意气不识愁

　　少年最见不得好人受苦。看到金翠莲父女被郑屠欺压，鲁智深怒火中烧，平时大块吃肉、大碗喝酒的他，好不容易被朋友拉住，才没有挺身而出。那日，他回到经略府居然"晚饭也不吃，气愤愤地睡了"。看看此时的鲁智深，虽身为提辖，却有一身少年气，路见不平便气得饭都不吃了。依照鲁智深的性格，我想他为自己的事气得不吃饭的时候，绝不可能有过。少年不但有气，还意气用事。安排金氏父女回乡的鲁智深，不但掏尽自己随身的银子，还借来银子赠予这对苦命父女。他当然不曾想过这孤苦无依的父女，他日能还他所赠，或将来有能力助他。在打郑屠时，鲁智深疾恶如仇，未曾想三拳打死郑屠。失手打死郑屠，方知自己闯祸，此时他竟寻思"须吃官司，又没人送饭"，一心惩恶的他在寻郑屠前，并未愁过吃饭问题，打死郑屠之后，想到了没有亲人的自己，在牢狱中没饭吃，才意识到自己的铁饭碗没了，颇有些少年的可爱。他的行侠仗义，尽管掏尽腰包，也不能给他加官进爵，从此还断绝了官路，他不觉得后悔吗?(从鲁智深的仗义疏财中读出可爱、读出少年意气，令人又气又可笑。)

但既成事实是：一个体面的军官变成了逃犯出走。

不赋新词不说愁

改写了人生轨迹之后，我想问一问鲁智深："你可都改了吧？"（填怪地与鲁达对话，可见对其的喜爱。）

且看他一闹再闹，腾挪跌宕。鲁智深为解刘太公父女之围，再闹桃花村；路见两作恶僧人，火烧瓦罐寺；智斗泼皮，倒拔垂杨柳；为救林冲，又闹野猪林，一路护送惹来杀身祸；为救史进，不求成功求成仁，只身刺杀贺太守，终使兄弟共牢狱。

再问英雄：山一程，水一程，为谁辛苦为谁忙？

一路艰辛，尽管有不平之事，但他总是结交兄弟，心系他人安危，把自己置之度外。看他出走半生，依然大步流星，人生的主题词从未赋新，坚守着行侠仗义、替天行道、舍己为人的信念。

三问英雄："问君能有几多愁"？（典雅而又简练的文言发问，颇具几分对鲁达的调侃。）

"呵呵，洒家何来忧愁！看我风风火火，替天行道，无怨无悔，快哉！"

而今识尽愁滋味，不说却休

鲁智深在松林深处一禅杖打翻方腊后，军功赫赫，风风光光，正是再续官缘的良辰。宋江让他封妻荫子，光宗耀祖，报答父母，对于常人来说，这是人之常情，也是最好的安排，然而鲁智深不愿为官，只想图个净处，安身立命。宋江再次为他考虑，让他到京师住持名山大刹，做一僧首，光耀门楣。他只淡淡地说："都不要，要多也无用"，这些都不是他所需要的。生活的百转千回，让鲁智深识尽千愁而不愁，但他清晰地记得自己当年的少年意气。

历尽千帆，仍是少年

从古至今，我们身边从不缺少年。在2018年的亚运会结束后，中国体育代表团召开总结大会时，已是中国篮球协会主席的姚明，坐在下面，一如既往地认真倾听，没有一丝不耐烦和倦怠。那份认真，让人想到他13岁时的首次登场。

在我的生活中,一段让我拷问自己是否少年的经历让我记忆犹新。那次,同桌的作业在不知情时被别的同学"参考"了,结果老师来询问,那个同学一脸无辜,而知情的我,却胆怯得不敢说出真相。然而现在一想到鲁智深,感到少年应一身正气,我便有了力量。

我们终将长大,但愿依然少年!让少年智、少年强、少年独立,让少年一身正气地伴我们从现在走向未来!

点 评

文章前半部分嗔怪其少年意气的青涩,后半部分却盛赞少年意气的可贵,作者联系自身,方悟鲁达的率真与大智若愚。

遇见另一方世界

——读《昆虫记》有感

◆学校:嘉兴市南湖区七星中学　◆作者:史书恒　◆指导老师:张丽萍

　　法布尔的《昆虫记》是一部关于昆虫的巨作,更被世人誉为"昆虫的史诗"。在这本书里,在每一章故事的描写中无时无刻不体现着作者对于生活与生命的热爱。每当我看起其中一个昆虫的故事时,我好似进入了昆虫的世界。(法布尔用奉献和热爱打开了昆虫的世界,小作者则用理解与感动发掘作家的情趣。)无论是蝉与蚂蚁的有趣经历,还是螳螂捕食的景象,都让我有如身临其境一般的体验。在这之中,我最喜爱的便是"菜豆象"这一章,法布尔用了风趣幽默的笔触描述此类昆虫的行为习性,读起来盎然生趣,他的字里行间充满着生机,不时还有着一丝活泼与洒脱,有时让人感动,使人敬畏自然,好不令人赞叹与憧憬……(一个个昆虫的故事,让作者发现了一个又一个生命的精彩。)

　　读完这本书后,我思考良久,我认为法布尔的一生是一个奇迹。他把他一生的精力放在昆虫的观察和研究上,这在常人看来已是超乎想象的事,但他坚持了下来,更是写出了《昆虫记》这般巨作。在我看来,不是《昆虫记》成就了法布尔,而是法布尔造就了《昆虫记》。我认为,法布尔不只是研究昆虫,而是时时刻刻保持对大自然的感悟,对生命的敬畏。他将这份坚持刻在了自己的文字中,让后人明白生命的意义;他也将这份感动给予大自然,以敬自然,以敬生命。(作者试图告诉我们:敬畏生命,才能感悟到生命的美好,才能创造出生命的奇迹。)

　　再回到这本书,它是法布尔数十年积累的知识结晶,怀着对于世界美好的向往,更满怀着生命与希望,给予世人满满的温情与感动。其中让我感触最深的是蝉的故事。"蝉经过七至十几年的地下辛勤劳作,换来一个夏天在阳光下的歌唱,然后在秋风中香消玉殒",这是法布尔在书中的感慨。当我读到这句话时,我不由得低头沉思。蝉数年生活于地下的黑暗当中,最后却只用一个夏天来尽情歌唱,绽放自己最后的生命,值得吗？是选择过好平凡一生,还是一瞬的绽放,"不鸣则已,一鸣惊人"？也许每个人都有自己的答案吧。其实在生活中何尝没有这样的"蝉",他们常常默默无闻,但又总是在关键时刻让世人看到属于自己的那一抹色彩。他们更是世界上一道标致的风景线,不被世人所关注却用自己的一生给世界留下属于自己的烙印。如果说蝉让我们倾听了生命,那么他们便是对这生命最好的见证……(选择最令人动容的"蝉的一生",而后反观人生、思索生命。)

"在偶然的盲目之中,也会有惊人的远见卓识。"《昆虫记》让我认识了法布尔,法布尔让我遇见了另一方世界。

点 评

对话《昆虫记》、对话法布尔,也就是对话生命。作者以书为桥梁,来到昆虫世界,在里面汲取了满满的温情与感动。

朋友,请学会珍惜

——读《假如给我三天光明》有感

◆ 学校:嘉兴市蓝天学校　◆ 作者:李小兵　◆ 指导老师:李彩红

"善用你的眼睛吧,犹如明天你将遭到失明的灾难。"是啊,我就应善用我的眼睛去观察,把这天的光明当作是我的最后一天光明,我想,世界上所有的身体健康的人都应珍惜我们所拥有的一切!

每夜当我入睡前,脑海中就会想起《假如给我三天光明》中海伦写的这段话。珍惜我们所拥有的一切! 这是多么真实的话语。面对黑暗,她多么渴望光明。但面对不幸,她最终没有选择自暴自弃,而是勇敢面对,珍惜现在可以拥有的,珍惜家人,珍惜老师,珍惜生命,热爱生活,终于创造出了自己的人生价值。感谢海伦教会了我们一种生活态度——学会珍惜。(海伦尚且珍惜,何况青春无敌的我们。)

其实,何止海伦? 奥斯特洛夫斯基、张海迪、史铁生等人,他们都在接受不幸的同时悦纳了自己,珍惜他们还能拥有的一切,努力创造生命价值,为社会做出了重要贡献。他们用行动为我们创造了珍惜生命的典范。

反过来,再看看我们生活中一些身体健全的人。每天有多少人上演着轻生的画面:跳楼,跳河,跳崖,自残……想尽方法来结束自己年轻如花的生命。广东工业大学一刚从家返校的大三男生,从七楼顶跳下当场身亡。还有广东省连平县附城中学,一名叫谢统海的高二学生站在宿舍五楼北侧的栏杆上,面对着两千多名师生,纵身一跃,结束了自己年仅19岁的生命。而造成这些事件的原因竟是所谓的失恋、压力大。因为一些细小的矛盾就愤怒,意气用事地选择了轻生,这是多么的无知与悲哀! 他们不知道身边还有许多关心他的人,不知道自己还有美丽如诗的未来。这些,他们都不懂得珍惜! 我只想说:生命可贵,且行且惜。(对比之下,我们懂得:身心健全、懂得珍惜,才能让生命熠熠生辉。)

大到社会,小到我们的学校。现在好多学生总是感叹和抱怨:生活中没有悠闲,生活太过无聊,学习总是紧张乏味。而事实真的如此吗?每天紧张而有序的生活让我们在忙碌时也能收获感动和成就,这样的生活难道不好吗?不值得我们好好珍惜吗?(珍惜是对日常细节的认真态度,是苦乐张弛的平凡心态。)

人生,不光只有坦途,也会充满未知和挑战。有时你会因成功而骄傲,有时你会因困难而懊恼,甚至会因挫折和曲折而焦头烂额。但我们不要害怕,正因为有痛苦和快乐,我们的生活才会丰富多彩,也正因为如此,我们才应好好珍惜。(珍惜快乐固然容易,善待挫折更能彰显生命的张力。)

所以,朋友,愿你学会珍惜!

学会珍惜,你就收获了热爱生命的生活态度!

学会珍惜,你就会创造诗意般的未来!

学会珍惜,你就拥有了踏实无憾的美好人生!

点 评

小作者用海伦只需三天光明的愿望对比一些青少年的堕落、轻生,意在呼吁我们珍惜平凡生活中每一个细小的瞬间。

"看客"之悲

——剖析《骆驼祥子》中的"看客"

◆学校:海宁市第二中学 ◆作者:曹嘉璐 ◆指导老师:彭群芳

在《骆驼祥子》这部作品中,"看客"们看见灾难发生在别人身上,总是幸灾乐祸、落井下石,他们就像日日夜夜处在黑暗中,变得无知、可悲。

刘四爷过生日前,祥子为了刘四爷的寿辰,每天都很勤快地忙这忙那。当厂里的车夫看见虎妞和祥子总是偷偷说话时,就怀疑他俩在一起了。祥子老实肯干,所以虎妞和刘四爷都喜欢他,有时候还招呼祥子一起吃饭。特别是虎妞,她对祥子产生了爱慕之心。在刘四爷生辰那天,他不允许厂里的车夫待着,让那些车夫吃完早饭就走,怕丢他的脸。车夫们非常生气,他们觉得:同样是车夫,为什么祥子能够得到刘四爷的优待? 他们心里很不平衡,就为难祥子,在吃早饭的时候,故意说些祥子不爱听的话刺激他。比如:"赶明儿你当了厂主,别忘了哥儿们哪!"在他们眼里,谁不合群,谁不明不白地比他们过得好,那个人就成了敌人,他们就针对那个人。在他们这些"看客"眼里,任何事情都似乎有什么可恶的秘密。(叙述中不难看出:看客的视角里满是不堪和猜忌,看客的世界里充满阴暗与嫉妒。)

当祥子和刘四爷闹翻了,祥子被赶出去时,一些车夫在旁边幸灾乐祸,而又有一些车夫又开始同情祥子,要和祥子站在同一战线上。这些"看客"对待祥子的态度和祥子的处境有关,而不是发自内心、一成不变的。他们可能觉得同样是车夫,祥子就应该和他们一样,当祥子过得比他们好时,他们就嫉妒;当祥子和他们同样卑微时,他们似乎就开始"仗义"起来。(一群"看客",一个冷漠时代的写照。)

除此之外,阮明要被枪毙前,举行游街时,有一群围观的人们,他们是书中描写得最精彩的"看客"。他们不去工作、学习,看着阮明,好像找到了生命的真理,很少有人会低下头沉思:"为什么他会被枪毙? 他该不该被枪毙?"他们在乎的是枪毙时的热闹,他们觉得这比工作、学习更有"意义"。尽管阮明做过很多坏事,但是他连一句同情的话都没有得到。他此时肯定非常痛恨这些"看客"。一些"看客"期待阮明会说什么,比如,文中写到这些"看客"的心理状态:"就是这么个小猴子呀!就这么稀松没劲呀!低着头,脸煞白,就这么一声不响呀!"他们这些"看客"感到的不是恐惧和伤心,而是抱着一种看笑话的无知冷漠的心态,这是多么可悲啊!

此时,我又想起了鲁迅写的《藤野先生》,文中也批判了当时的"看客"是非不分、冷血无情。当时"我"在礼堂里看影片,看到影片中的情节:中国人给俄国人当侦探,被日本军捕获,要枪毙了,围观着的也是一群中国人。后来,"我"回到中国,那些闲看枪毙犯人的人们,他们也是酒醉似的喝彩。这些"看客"看到自己的同胞被枪毙,一点同情心都没有,他们不会去思索其中的原因。

为什么这些"看客"会这样?("看客"何尝只存在于《骆驼祥子》里,是落后时代的产物,是民族劣根性的痛处。)

一方面,是由人性的弱点造成的。他们本身就有嫉妒心、虚荣心,他们中的一些人甚至看到一些很平常的事情都会恶意揣测。他们自私自利,所以他们事不关己,高高挂起,甚至有些人喜欢为了自己的利益而损害他人。他们胆小,没有主见,只图安全地跟着大多数人走,他们随波逐流,人云亦云。

另一方面,是由社会的压迫造成的,包括物质上的压迫和思想上的压迫。从物质生活上来说,这些"看客"往往是处于社会的底层,他们受到各种压迫,生活困苦,为了生存,他们要竭尽所能,他们根本没有足够的财力和时间去关心别的人。从思想上来看,长期受着旧思想的影响,尽管受到压迫,也不会去思考原因,更不会去反抗,变得越来越无知和麻木。这样的"看客"越多,整个社会就会变得越来越冷漠愚昧,无可救药!(作者通透地看到:"看客"虽可恨,却也有其辛酸可悲之处。)

"看客"之悲,不仅是人性之悲,更是整个社会之悲!

点评

作者另辟蹊径,由"看客"的视角来看《骆驼祥子》,从中读到了祥子悲剧更深层的社会根源,辛辣而老到。

自信自强，超越自我

——读《摆渡人》有感

◆学校：嘉兴市清河中学　◆作者：岳子强　◆指导老师：吴国琴

　　"如果我真的存在，也是因为你需要我。"我早已被《摆渡人》的封面语深深吸引，迫不及待地打开书阅读起来。（"早已""迫不及待"等词让人联想到如饥似渴阅读的场景，极具画面感，表现了《摆渡人》的无穷魅力。）

　　《摆渡人》这本书主要讲述了单亲女孩迪伦的故事。迪伦是一个比较内向的孩子，在学校里经常被同学捉弄，好朋友也因此转学离开了。这一切让迪伦感到无比悲痛和无助。于是，她决定坐火车去看望久未谋面的父亲，然而在途中却遇上了一起交通事故。等爬出火车的时候，她惊恐地发现眼前竟是一片荒原。这时，她遇上了"摆渡人"崔斯坦。崔斯坦带着迪伦走进荒原。一路上，他们必须摆脱恶魔的伏击，避免被他们拉入地狱。迪伦和崔斯坦互帮互助，一起克服困难，一路经历重重难关，最终重返现实世界。

　　回首《摆渡人》，我的第一感受是渡人先渡己，要有自信自强的心。（"渡人先渡己"，五个字言简意赅，高度概括了阅读感悟，给人启迪。）在成长的途中，我们一次次接受历练，遭遇坎坷，我们需要学会自信自强，这可以培养我们做人做事的决心和能力。就像书中主人公迪伦一样，遇到恶魔的伏击时，她相信崔斯坦的承诺，相信自己不会惨遭恶魔的毒手，以此鼓励自己，并以自己坚韧的意志鼓起了向前冲的勇气，最终战胜了困难。

　　在返回现实世界时，自信自强成了迪伦生命的支撑。在返程中，崔斯坦变得茫然无措、胆小懦弱、充满恐惧；而此时的迪伦却变得坚强起来，看似羸弱的她却支撑起了返程的全部信念，凭借自信自强逆转成了崔斯坦的"摆渡人"！自信自强，如我们人生的桥梁，把一切困难和磨难支撑；它如我们内心的巨人，时时刻刻给我们依靠的肩膀；它如我们黑暗中的灯塔，为我们指引方向。(将"自信自强"分别比作"桥梁""巨人""灯塔"，可见拥有"自信自强"的作用强大，三个比喻新鲜贴切，富有理趣。)

　　居里夫人说过："我们应该有恒心，尤其要有自信心。"生活需要自信，自信让我们充满激情、满怀斗志；生活需要自强，自强让我们奋斗不息、超越自我。有了自信自强，我们才能怀着坚定的信心和希望开始伟大而光荣的征程，才能获得更多的机会和可能，才能领略险峰的绮丽风光。

　　我敬佩迪伦和崔斯坦，敬佩他们临危不惧的态度和信心。在荒原上，迪伦通过崔斯坦的"摆渡"得到了自信自强；归途中，迪伦凭借自信自强成了崔斯坦的"摆渡人"。不受任何恐惧的摆布，坚信自己，以热忱面对困难，以坚持面对希望，以自信面对未来，这就是《摆渡人》带给我的深深的感悟！

　　"天行健，君子以自强不息！"来吧，让我们不断超越自己，在自信的庇护下不断成长自己，在自强的滋养下不断提升自己，在自己的人生中遇到最好的自己！

点评

　　成长路上，我们一定会得到一些帮助，心怀感恩地将之记录下来是一种很好的方式。小作者一开始被《摆渡人》的封面语吸引，到后来有所悟、有所用，这应该是阅读最美的状态。文章紧扣"渡人先渡己"这一核心主题，提出"要自信自强"的观点，论述逻辑通顺，注重详略得当和表达得体。

"摆渡人"

——读《摆渡人》有感

◆学校:北京师范大学嘉兴南湖高级中学　◆作者:顾奕瑄　◆指导老师:徐艳娟

"如果命运是一条孤独的河流,谁会是你灵魂的摆渡人?"

不知从何时起,每当我瞭望窗外时,心中总升起一种笃定,使我一直注视着不远处那绰约的背影:这是位女子吧,她轻而柔的头发在风中飘动。只见她不慌不忙地将头发扣于耳后,倚在那杨柳堤岸、断桥旁处,又于凉亭小憩。模糊之中仿佛又见她素手执笔,吟诗作歌,徘徊于前。(*提笔就如此"诗情画意",似不符读后感的特点。*)

许久许久,我才忽地发现她那风姿好似迪伦遇到摆渡人一样。(*原来前文是为引出女主人公。不知还有没有其他用意。*)"他手抱膝坐在隧道口左侧的山坡上,眼睛紧盯着她。隔得这么远,她只能看清他是个男孩,也许十几岁的年纪,浅黄色的头发在风中飘动。他看到迪伦正在看着自己,却没有站起来,甚至笑也没笑一下,只是继续凝望着她。"这是迪伦的摆渡人——崔斯坦。

当看完《摆渡人》这本书的时候,合上书的那一刻,我还在心里默念着:"如果我真的存在,也是因为你需要我。"15岁的迪伦在命运孤独的河流中蹒跚前行。(*写出了行步缓慢摇摆貌。*)她经历着母亲的日夜唠叨、同学的捉弄嘲笑以及好友的转学离开。年少青春并没有给她留下些什么,只有孤独,让她在无措中一次又一次恐惧、迷茫,直到崔斯坦的出现——那个在恶魔遍地的荒原上带领一个又一个灵魂穿过这片荒原的摆渡人,她的命运才有所改变。

是他给了她勇气,让她战胜恶魔的同时,走出了恐惧;是他给了她爱,让她在孤独无助之时,去相信爱,去更好地爱自己;是他给了她信念,让她在荒原上迷茫之时去寻找安全屋,就好像在寻找信念一样。(*排比的使用,突出了崔斯坦在迪伦*)

生命中的不同。)但最重要的是,他让她学会了自己成长:在一次次爬越山坡,一次次降服恶魔,一次次到达安全屋之后,迪伦已经摆脱了束缚着自己的恐惧与怯懦的包袱,她也不再抱怨路途上的黑暗与荆棘,而是选择艰辛前行。

她,成长了。

其实我们哪个人不是在自己命运的荒原上呢?(由迪伦到自己,追问及时。)

脚下是一片不被阳光眷顾的荒原,没有生命的迹象,举头望天看到的是灰暗色。你听得到风声和魔鬼的恶号,但你看不清楚远方,也不曾想看清楚,因为危机四伏。你举步向前却害怕着,也怯懦着。

其实我们哪个人不是在自己的摆渡人的带领下走出荒原的呢?

眼下是一处沼泽地,这里很安静,安静得你都能听到自己急促的呼吸声。身旁却多了一位护送你的摆渡人,你在他的带领下,走过了这处沼泽。你越来越相信他,也因此勇敢起来,成长就这样轻轻地叩响了你心中那扇孤寂的门。

或许没有过多的言语,也没有饱含深意的眼神。她就这样出现,在我最需要她的时候。

失意无助之时,我翻开了她。读着东坡的《定风波》,想着沙湖道上,几个贤士赶上了下雨。同行的都很狼狈,苏轼却安慰着:"莫听穿林打叶声,何妨吟啸且徐行。"这点小雨又何妨? 何不缓步而行,"一蓑烟雨任平生"? 他泰然而为,也让我明白了那句"回首向来萧瑟处,也无风雨也无晴"的哲理。哪管风声雨声,你只管大胆向前,回首过往便会发觉那也只是鸿毛小事。我,成长了。(苏词是"摆渡人",这个跨度有点大。)

"花自飘零水自流,一种相思,两处闲愁。此情无计可消除,才下眉头,却上心头。"每逢孤独寂寥之时,我会吟起李清照的这几句词。试想一个女子与友人告别,相思之愁由此而生。在国家几近飘零,将要沦落的边缘,本以为柔弱的她会继续选择感伤,会继续说着"人比黄花瘦",但她没有。没想到这么弱不禁风的女子身上竟有着如此豪迈的骨气。她外表看似柔若无骨,可内心刚硬如磐。她道着世事无常,却也与世事负隅顽抗。她说"九万里风鹏正举",风别停,哪怕惊涛骇浪,哪怕国家陷落,也请"蓬舟吹取三山去"。不要在乎你表面上的感时伤怀,而应关注内心,你的强大内心才是真正无畏之处。我,成长了。

是的,我的摆渡人就是令无数人都痴迷探索着的诗词。跟迪伦的摆渡人不一样,我们没有过多的言语,没有过多的交流。无声无息中,它就教会了我如何自己成长。(诗词成了"我"的摆渡人,夺人眼球。)

诚然也,摆渡于心。

我们每一个人都拥有着自己的那位摆渡人,它也许不一定是真正的人,它可以是一句话,一首诗,一个微笑,甚至可以是凝望着你的眼神。当你迷失在某个路口,撞见的都是形形色色让你恐惧的陌生人的时候,这位摆渡人啊,就用轻柔呢喃告诉你,不要害怕。(此话一讲,似乎通透了。)

更多的时候,我们应该在我们所接触的事物之中,受到启发,明白道理。其实,磕绊到来的时候是没有人提醒你的,所以你毫无准备。你有的只是将要被你克服的困难,和一个要克服困难的你。这时候,你就得靠你得到的那些启发,蛮横过江,披荆斩棘。渡过困境之后,你不再是刚才那个担忧、懦弱的人,而是英勇无畏的人了。

一抬头,我又望见那位纤娇的女子,微风过处,我愿长歌一曲,摆渡于心,初长成人。(原来开篇还和结尾相关。)

点 评

此文有"新意",新在对"摆渡人"的拓展,诗歌、话语、微笑、眼神……都可以成为你的"摆渡人"。作者这样的观点,你同意吗?

枕着月亮还是六便士？

——读《月亮与六便士》有感

◆ 学校：嘉善高级中学　◆ 作者：蔡慧颖　◆ 指导老师：朱苗苗

一个家庭幸福、事业成功的证券经纪人，突然没有任何缘由地抛弃了所有，远赴巴黎去画画。在巴黎，他吃尽了苦头，但所有的苦难都磨炼了他的意志。他不懂感情，不屑世俗，却对艺术有着狂热的追求。终于，他决定远离尘世，去往一座偏僻而美丽的岛屿，娶妻生子，与世隔绝，并最终创造出一幅旷世之作。然而，他身患绝症后却叮嘱妻子烧毁画作，让一件杰作从此消失……（抓主要脉络描述，很好地概括了作品的主要内容，语言流畅。）

这就是《月亮与六便士》的整个故事情节，展现了理想与现实的冲突，梦想与现实的距离。

生活的意义是什么？没有人能够真正告诉你，因为每个人对此理解都不同，需要你自己满怀勇气，甚至像小说主人公那样，用整个灵魂去探索。毕竟《小王子》中曾提到"真正重要的东西，用眼睛是看不到的，要用心灵去体会"。你愿意如何过好自己的一生？你会希望枕着月亮还是六便士？（从书本到生活，衔接自然。）

三毛就是选择"月亮"的一种人，一个像主人公斯特里克兰那样的人。她是个真性情的人，十三岁时就独自离家去小琉球岛玩，初中时则常逃学去坟墓堆读闲书。她喜欢读书和旅行，不愿为金钱工作。她还只因在《国家地理》上看到一张撒哈拉沙漠的照片，就决定搬去那里。与苦恋她的荷西结婚后，她写出了一系列散文作品，展现了大漠的狂野温柔和婚姻生活的活力四射。最后，她又像儿时那样，不按常理出牌，逃离到没有人知道的地方。三毛的一生看似放浪不羁，我却觉得她其实是个真正明白自己想要什么的智者，同时也是个敢于追求的勇者。（以三毛为例，让此文有了血肉的支撑，丰满而有力。）

　　谁不曾年少轻狂,拥有大大的梦想? 谁不曾喊着"不忘初心,方得始终"? 可"初心"易得,"始终"难守。在世俗的纷扰中,"初心"被逐渐丢弃,大多数人终是选择随波逐流,紧紧握住"六便士",任由那皎洁的"月亮"在夜空高挂,然后逐渐被云翳遮盖。(虽是作者自己的语言却能与作品自然结合,妙!)

　　可如此生活,有何意义? 也许平凡如我们,终不能完全与世隔绝,也无法做到全身心地去追求自己的爱好,但不管何时何地,都不要忘记将自己的心打扫干净,抬起头来望望那美好的"月亮"。爱好喝茶的,记得随时泡一壶香茗细细品味;喜欢下棋的,记得约几个棋友时时切磋;热爱足球的,记得在阳光明媚的下午去球场上挥洒汗水……

　　做自己最想做的事,过自己想过的生活,心平气和,怎能叫作践自己?"六便士"折射出的一丝光芒如何能同"月亮"的光芒媲美? 我想,只要你愿意勇敢追求,"月亮"永远不会吝啬于给你"守得云开见月明"的惊喜。(结尾依旧紧紧扣题,语言依然精致。)

点 评

　　本文有三点让人印象深刻:一是自始至终不离"月亮"与"六便士"。"月亮"与"六便士"及其象征义在文中多次出现,紧扣文题。二是行文有逻辑,段与段之间过渡自然,叙事议论紧密结合。三是开篇与结尾简洁有文采,语言干净。

围得住的,围不住的

——读《围城》有感

◆ 学校:嘉兴外国语学校　◆ 作者:董佳怡　◆ 指导老师:鲍一鲲

"围在城里的人想逃出来,城外的人想冲进去,对婚姻也罢,职业也罢,人生的愿望大都如此。"这不正是"得不到的才是最好的"的那种无人免俗的人性吗?(引用文中的句子,并用反问加强语气,引发读者的阅读兴趣。)

我用最快的时间看完了这本书。正处十七岁,人生还一无所获的年纪,我不得不承认内心对《围城》的喜爱。

通篇关于方鸿渐如何恋爱、如何失意的种种生动深刻的描述,让我不无感触,可让人久久回荡在心里的是他欧洲求学即将归国时,关于文凭的一段叙说,他说文凭不过像亚当、夏娃的那片树叶,"可以遮羞包丑;小小一方纸能把一个人的空疏、寡陋、愚笨都掩盖起来"。对当时读完这句话的我而言,文凭真就是那片遮羞掩弊的纸,十八年求学如一日,此刻却依然是不谙世事的傻学生。可在城外人的眼中,那张纸可能犹如城市中的霓虹一样妙不可言,而我希望,在城里的这些年最后能历练出人生路上的一朵花,不求娇艳欲滴,只愿清香优雅。(书中有关"文凭"的论述引发了小作者的感叹和期许。)

我本以为这个广阔的世界会使人互相追逐,攀爬得更高,现在有机会走进这座城中观望才发现,人们还是原来的人们,有励志又多才的"学霸",也有懒散飘荡的"学酥",有人把高一过成了大一的样子,也有人的生活有了博士生的味道,而我在一个又一个城中依然迷茫。告别了过去的无知,但我还未真的面对社会的大熔炉,徘徊于昨天与明天之间,过着躲避的日子,大概唯有凭着对城里无尽的好奇,才能推开一扇又一扇门,来确定自己是否喜欢这座城中的风景吧!(观望身边的种种,内心的迷茫和奋进共存。长句的使用契合复杂情感的表达。)

　　方鸿渐在哄孙柔嘉睡着之后想了重逢唐晓芙的可能,又发出了"爱她、怕苏文纨、给鲍小姐诱惑这许多自己,一个个全死了"的感叹。这话平淡无奇,却感受得到时间强大的治愈力。(〝时间强大的治愈力〞概括精准。)也许是因为我带着国产电视剧的思维来读这个小人物的爱情,我本以为他会与唐小姐重逢后再次擦出火花,或者最起码也是"自此一别,天涯两两不相忘"的深情,没想到在事业失利时,他选择与孙小姐踏入婚姻的城中。在现实无数次的打击下,两人最后以分居收场,独留他自己在悲伤和渺小的希望里睡去。文章到这里戛然而止,仿佛能听得到那只祖传的老钟"当、当、当"的声音,余音未停。

　　这本书总的来说是以方鸿渐的爱情、事业和他与赵辛楣的友情为中心铺展开来写的,而我在这短短的读后感中没有怎么发表关于爱情的议论,也许是因为不相信婚姻真的能把人的温情可爱磨得精光。我总觉得方鸿渐如果顺意跟唐晓芙走到一起,结局就一定不是这样了。(此段看似闲散,读来却有些文人气息。)

　　围城围得住脚步,只希望别困住一颗向往的心。愿我们能感受扑面而来的都市气息,也能享受清新干净的田园风情。

点 评

　　本文有两个特点:第一,立足中学生的认知,把日常生活中的〝文凭〞和〝城里〞的学习生活结合起来,因自己有切身感受,所以言之有物。第二,交代文章的局限性。上文中倒数第二段交代了整体的阅读感知,把上文几个小点放在大背景中去考虑,避免了琐碎、不突出重点的问题。

回忆中最复杂的是空白

——读《远山淡影》有感

◆ 学校:嘉兴市平湖中学　◆ 作者:李佳雯　◆ 指导老师:胡晓强

"回忆,我发现,回忆可能是不可靠的东西。"

它没有跌宕起伏的故事情节,它由零碎的记忆拼织而成,它的故事情节就好像书名一样朦胧,亦真亦幻。(总写感受,开门见山。)

《远山淡影》开篇为主人公悦子的大女儿景子自杀,小女儿妮基来看望悦子的情景。随后悦子回忆起了二十多年前的事。二战时,长崎被美军的原子弹轰炸,长崎的大部分建筑被毁。故事的背景就是正在重建的长崎城市。怀着孕的悦子在这里认识了佐知子和她的女儿万里子。万里子是个性格孤僻的小女孩,她很少与妈妈交流。她曾目睹一个女人将她的孩子溺死在河边,而当她的母亲佐知子要带她去美国时也同样在河边溺死了她心爱的小猫。佐知子在带万里子去美国前口口声声说自己是为了让女儿获得最大的利益,想要让她成长为一个独立的女人。而在书中,我几乎看不到她爱万里子的表现,一切只是她实现私心的借口。直到看到万里子爬树与景子爬树的情景相似时,我才发现,万里子就是景子,佐知子就是悦子自己的化身。悦子在回忆中把自己伪装成一个善良、孝顺、爱家的一个日本妇人。她的过去太痛苦了,她不愿去承认。她把景子从树上摔下试图自杀的行为伪装成万里子不小心从树上摔下的意外。(长句改为短句,叙述会更清楚。)当景子死后,她与别人谈论起她时,仍像她还活着一样。她对景子满是愧疚,但她依旧选择逃避真相。(叙述故事情节,有条不紊。)

书中还有一个人物,藤原太太。在战争中,她的高官丈夫和她的几个孩子都死了。但她放下她高贵的身段,选择经营一家面店,过好平凡的生活,赢得了人们的尊重。这与悦子的做法形成了鲜明的对比。(介绍藤原太太,短短三行文字,简洁明了,同详细叙述悦子的故事形成鲜明对比,详略有致。)

书中有大量的留白,这是人们不愿去触碰自己内心深处的体现。比如书中没有说明景子自杀的原因、悦子与她的日本丈夫离婚的原因等。人们总不愿去触碰那些不幸、屈辱的回忆,但这些回忆却实实在在地存在着,也正因为无法抹去,人们才选择欺骗自己。

回忆中的空白很复杂,是人们心理世界自我矛盾的产物。就好像悦子企图把自己的回忆安装到别人的身上来安慰自己,达到自欺欺人的效果。最后,随着景子与万里子的经历越来越相似,逐渐重合,她无法再回忆下去,便匆匆结束了代替品万里子的存在。(以上两段分析小说的留白,已经进入小说欣赏的堂奥。)

就像作者石黑一雄说的那样:"我喜欢回忆,是因为回忆是我们审视自己生活的过滤器,回忆模糊不清,就给自我欺骗提供了机会,作为一个作家,我更关心的是人们告诉自己发生了什么,而不是实际发生了什么。"(结尾才点出小说的作者,别有匠心。)

"半轮月亮出现在水里,我静静地待在桥上看了几分钟。有一次,我想我在昏暗中看到了万里子沿着河岸朝小屋的方向跑去……"

点 评

作者有着很强的叙述能力,情节交代得清清楚楚,又能深入小说进行写法鉴赏,分析小说的对比手法和留白手法,阅读水平已经超出大多数的同龄人。开头引入,自然而然,结尾情景的描写戛然而止,引人回味。

记忆中的那只孙猴子

——读《讲出一个精彩的故事》有感

◆学校:海宁市高级技工学校 ◆作者:任思淇 ◆指导老师:蒋李平

故事,儿时的我们已读了不少。无论是简洁的睡前故事,还是富有哲理的寓言故事,抑或是美好的童话,都在我们心里留下了不可磨灭的印象。

讲故事,最初从长辈抱着书,耐心地将书中的文字一一讲述给我们开始,到后来,小小的我们抱着厚厚的书本,用不太流畅和标准的发音,像模像样地读着故事。那时抬头,看到的是长辈憋着笑的脸庞,到现在,我们需要绘声绘色,添加动作,把故事讲给同学、老师听,以训练自己给幼儿园的小朋友讲故事的能力。(从长辈讲故事,到自己读故事,再到以后给小朋友讲故事,写得有条理。)

无论是故事本身,还是讲故事这个行为,对我们来说,都不陌生。但在看了麦成辉先生的《讲出一个精彩的故事》之后,我似乎又有了一些新的思考。(点出作者和作品,领起下文。)

这本书一共有七个章节,从不同方面表达了作者对故事本身和对讲故事的看法。

其中,我最感兴趣的是第三章。因为麦先生在第三章中分了六点阐述。第三章的标题是"如何塑造人物",还未开始看第三章时,我就深深地被第一点吸引了——"孙悟空和唐三藏,你能记住谁?"

这个问题以前我从未见过,更从未思考过,可当它真真切切地摆在我的面前时,我的第一反应是孙悟空,可转念一想,在《西游记》中,唐三藏是孙悟空的师父,他沉稳、刻苦、认真勤奋,认准了一个目标——去西天求取佛经,就付诸努力,一刻也没有放松过。这样一个人物,竟不如一只猴子给我的印象深?(对比唐三藏和孙悟空,提出问题,引人入胜。)

这就取决于吴承恩对人物的塑造。他笔下的孙悟空机智聪敏，活泼好动，虽然一开始桀骜不驯，狂妄自大，但经过如来的制压，观音的点化，最终辅佐唐三藏，护佑他的西行之路。当唐三藏遇到危险时，孙悟空总是挺身而出，勇于与妖魔对抗。这样一个人物，自然会比沉默寡言的唐三藏更具有吸引力。（进一步分析孙悟空形象塑造成功的缘由——有故事。）

麦先生在后面的章节中也提到，讲故事的人是有魅力的。这点我十分赞同。小时候的我，听着长辈给我讲的故事，脑中总会浮现许多人物和许多场景。抬起头，看着他们目不转睛地盯着故事书，看着他们的嘴一张一合，当美妙的话语进入耳朵时，就会对他们生出一种崇拜的情感，特别是听到精彩的部分时，更觉得他们厉害，这，也许就是讲故事的魅力吧。（从上段的故事本身，写到讲故事的人。）

而想要成为一个有魅力的讲故事的人，练习讲好故事的技巧是首要的。这也是麦先生在书中的第七章谈到的。我不由得联想到我们的口语课，老师要求我们生动地把一个故事讲述出来，通过面部表情和肢体动作，改变语音语调语速等来表现，这样才能讲好故事。可是，我们在口语课上讲述的都是别人的故事，怎样才能讲好自己的故事呢？（读一本书，作者只抓住第三、七章写，重点突出。）

麦先生提出了四点：一、剖析"我"，了解"我"才能讲出"我"；二、任何经历都是故事；三、要对"故事"产生激情；四、对故事进行修饰。

我自己可能会不了解我自己吗？答案是肯定的。人对自己的认识在各个阶段是不同的。在各个阶段中，人会对自己的定位产生偏差，所以了解自己是很重要的，不了解自己，又怎能讲出自己的故事呢？

"我长这么大，一直都很普通，没有什么特殊的经历啊。"一些人会有这样的想法。那是因为他们从未认真寻找生活的点滴。我种了一棵植物，我天天浇水，它一天天长大，形态慢慢发生变化。这也是一次经历，稍加修饰，也会成为一个精彩的故事。经历，不全是惊险刺激、惊心动魄的大事，日常生活中的点滴都能化作经历，成为专属于自己的一个个小故事来丰富自己。（以种一棵植物举例，切实有力。）

我以后会成为一名幼儿园老师，讲故事是我必须掌握的一项技能。看完麦成辉先生的这本书后，我对"如何讲故事，如何将故事讲好"这个问题有了更深的思考。相信以后我给小朋友们讲的故事会更加精彩动人，希望他们聆听的时候，眼中会闪烁着求知的光芒，一颗小种子会在他们的心中生根，在他们以后的人生中，慢慢发芽。（作者有志于成为一个会讲故事的幼儿园老师，字里行间流露出向往之情，让人感动。）

  故事本身会带给人们思考，讲故事会吸引人，两者如今也会带给我们更深的思考和领悟。用心去体会这点，会使我们受益一生。

点评

  作者内心涌动着做一个会讲故事的幼儿园老师的梦想，感情饱满，下笔如涓涓细流，自然流淌。从听故事，到读故事，再到有志于成为讲故事的人，引出《讲出一个精彩的故事》这本书，写出自己阅读的主要体会，只写三、七两章，舍弃其余，取舍得当，可见作者剪裁的功力。

悦读锦囊

  读书须有胆识，有眼光，有毅力。胆识二字拆不开，要有识，必敢有自己意见，即使一时与前人不同亦不妨。前人能说得我服，是前人是，前人不能服我，是前人非。人心之不同如其面，要脚踏实地，不可舍己从人。诗或好李，或好杜，文或好苏，或好韩，各人要凭良知，读其所好，然后所谓好，说得好的理由出来。

——林语堂

擦亮心灵的眼睛
——读《傲慢与偏见》有感

◆学校:嘉兴市第一中学　◆作者:刘思婕　◆指导老师:朱瑜冬

你是否曾因天生的优越感错失过什么？是否曾因带有偏见错看他人而悔恨?(两个问句,拉近了与读者的距离。)

作为《傲慢与偏见》的女主人公——伊丽莎白活泼可爱、聪明伶俐,对爱情一直心存美好与向往。她在与男主人公达西——一个家财万贯、风流倜傥的单身汉的第一次见面中,因为觉得达西傲慢,打碎了自己对于一生伴侣的幻想,对他产生了偏见。后来她听信了他人对达西不好的评价,所以拒绝了达西先生的求婚。达西这个天生优越的人,一直认为伊丽莎白不会拒绝他的表白,胜券在握的样子充分体现了他的傲慢。当然,两人在消除误会之后,亦成为一段爱情的佳话。

我不喜欢仅仅将《傲慢与偏见》定义为一部爱情小说,我觉得这更是一面反映当下大部分人的婚姻观、价值观以及人性的镜子。纵观全文,达西与伊丽莎白之间是一场迟到的爱情。我们可以做一个假设,如果达西先生愿意放下姿态去和低于自己阶级的人一起交流,或者说伊丽莎白对达西的第一印象是一个"不太爱说话"的绅士,那她就不会对他立刻产生偏见,而是在听到别人对他的评价后进一步去了解他,看清他正直善良的品质,而不是在心中马上将他划入黑名单。偏见一旦产生,想要消除,并非那么容易。为什么伊丽莎白会对达西产生偏见？因为达西确实一直带有这样与生俱来的优越感,但我认为最重要的还是因为她心灵的眼睛被蒙上了尘埃,她没有用心去了解达西先生的一举一动,了解他的意志品格,她在一开始就带着偏见去与他交流相处。(先写伊丽莎白对达西产生偏见的原因,再提出假设,思路是不是更清楚?)

我想说的是,傲慢、偏见有时候是遗憾、悔恨的代名词。带有世俗眼光的我们，难道就不会因为养尊处优产生些许的傲慢心理？就不会因为自己的主观判断而对他人产生偏见？就不会因为他人的挑唆而对人产生误解？答案是肯定的。傲慢与偏见，这是人性的弱点，是所有人的通病。人际交往中，傲慢与否决定了你能否取得他人的欣赏，能否拥有真正的朋友，而偏见一旦产生，可能就连朋友也没有了，你总会疑心他们是不是真心待你。因此我认为最重要的还是不要产生偏见。在这个五彩缤纷的世界上，每个人一生都会遇到很多人，很多形形色色的人，这其中有传统意义上的"坏人"，也有传统意义上的"好人"，很多时候，我们会把坏人当成好人，把好人当成坏人，就像伊丽莎白认为达西是一个傲慢无礼、令人厌恶的富家子弟，却对满嘴跑火车的威克姆产生好感一样，第一印象占据了她所有的看法。但这就是人生，是人际交往的过程中必不可少的经历，也许只有经历过才能懂得：如果人们因为偏见而"生病"，那么治愈的良药就是擦亮心灵的眼睛。

雨果说过"偏见是盗贼"，它会偷走你对事物正确的判断甚至真理。细思极恐，我们中国人就曾因为外国人对我们带有"东亚病夫"的偏见，好长一段时间抬不起头来，让许多人从朝气蓬勃的少年变成只会低头的懦夫。偏见是可怕的，因为偏见会使其发出者付出刻骨铭心的代价，那是发自灵魂深处的羞愧和难以挽回的悔恨。有时候我们讨厌一个人，并不是真正意义上的讨厌，而是对他产生了偏见，是你的主观意识主导了你对他人的看法。

但是，希望这偏见只是一时的，愿你能学会用心去看待他人，摒弃他人的负面评价，重新戴着无色的眼镜去寻找，去探索真实的他。用心聆听对方心灵的声音，同时也能意识到自己的缺点，这样才能深入彼此的内心。蓦然回首时，你会发现，曾经戴着有色眼镜看待的人是如此美好；你会发现，曾经以为傲慢的人其实并不傲慢；你会发现抹去尘埃后，这个世界也会像钻石一样璀璨；你会发现仔细打磨后，人生旅途的那边是一片光明。

有一种说法，人与人交谈时相互对视能让对方懂得自己的真诚。在与人交往时，你只有用心去感受对方的内心世界，不让自己的真心成为摆设，你才会得到想要的回应。为了不因偏见而错过、悔恨，请擦亮心灵的眼睛！

点评

作者开篇一段，两个问句，吸引读者，用笔随性。能够紧扣自己的感悟，发散联想，情真意切。

落叶归根，又是一轮秋

——读《一个人的村庄》有感

◆学校：浙江省嘉善高级中学　◆作者：黄雨蝶　◆指导老师：迟志强

落叶的秋，是叶脉上突起的痕纹，从嫩绿慢慢变成墨绿，再泛起一点点枯黄。随之，年轮一圈圈增多，树一天天强壮。（以落叶写秋，形象具体。）落叶本非无情物，化作春泥更护花。

秋，是一个悲戚寂寥的季节。从古至今，多少文人墨客在深秋季节诉说着对家乡的思念之情。一个人往往会下意识地将故乡作为抒情对象，思却不得。"遥隔楚云端"的距离，让人不免产生"乡泪客中尽，孤帆天际看"的浓愁。人们心中最温暖的避风港就是那个令人魂牵梦萦的家吧！（以感情写秋，相比上文落叶之秋，又进了一层。）

冰凉的秋风中夹杂着几滴雨，无情地落在我的肩头，寻找家的路，看似还很漫长。朦胧间，我看到一个毅然的身影愈行愈远，萧瑟的景象把他的背影衬托得更加悲凉、孤独。他似乎想要寻觅旧时的村庄……（引出《一个人的村庄》。）

不知从何时起，曾充满乡间气息的田野已逐渐荒芜，秋季里再也看不到那片金黄色的稻田，嗅不到稻香。不曾记得是哪一年，村民们还互相热情地问候，那几条看门的狗也会对归来的他殷勤地摇着尾巴……这一切，仍历历在目，仿佛就在昨日，这里的记忆也格外清晰。而此刻，让人有些恍惚，这里早已不是他印象里的村庄了，毫无家的味道。（写秋季里的追寻，眼前的村庄让人伤感。）

几片落叶在空中悠悠飘零，被风儿席卷着，一道道优美的弧线带着他的思绪回到如梦般的昨日……朴实的村庄总是洋溢着温馨的气息，一座村，便是一个家。几十年前，几个人大汗淋漓，兴奋地喊着打夯的号子，让远远近近的人都知道这个地方在打墙盖房子。看着他们往墙上抹泥巴，刷白灰，共同建造着这个简单的村庄。即使他明白这些白灰和泥皮迟早会脱得一干二净,但人们毕竟曾经拥有过。现在,这座村庄真的只是他一个人的了。(记忆里美好的村庄。)

人在,村存;人不在,村仍存。这儿的一株草,一棵树,若不是亲眼所见,他真的要否认它们的存在了。恍惚间,他开始寻找,寻找着前半生的证据。家园废失,已无处可觅。抱着一丝期待,他仍想追逐回忆的脚步,聆听熟悉的犬吠和鸡鸣,欣赏黄沙梁最清澈、深邃的夜空,在尘埃落定的清晨,挑动叶间上的露珠,用最后的时光,再重温一遍以往的日子……(写现实的追寻,与记忆里的印象重叠。)

我站在门前的梧桐树下,背轻轻地倚靠着粗壮的树干,伸出手,感受秋风撩拨指尖。当一片小巧的黄叶飞落在手心时,才猛然发觉,流落在异乡的游子似这落叶般孤独、无助,他们又何尝不是在漂泊呢? 凝视着眼前的秋景,似有若无的秋风,忽而想起了张籍的《秋思》。简洁明了的一句"欲作家书意万重",将游子之情展露得可谓是淋漓尽致,让有家无奈不可归的哀愁和思念亲人之情流于字里行间。不论古今,又有多少身处他乡的人在望着这眼前枯叶独自惆怅……(由作品写到自己。)

叶,由树而生,也终会归根。哪怕是一片小小的叶也想要安心地躺在树下,当一片护树的叶,将自己所能尽的微薄之力毫无保留地贡献给它。只因世间万物皆有情。(照应开头的落叶。)

落叶归根,又是一轮秋,四季总是马不停蹄地轮回。何时我也曾羡慕过落叶,不须只言片语,只怀揣着简单的心愿,以春泥的形式永远融入它的家园,永远。不用为了家四处奔波,那树在这儿,家,便在这儿。

我,独自走在乡间的小路上,顺着两边的树,就不会走丢。望着不远处那片金色的海洋,愿稻香可以飘十里,为其他的游子指引家乡的道路。(结尾富有画面感,余音袅袅。)

点评

作者心思细腻,感觉敏锐,文章从落叶写起,结尾又以落叶照应,很有匠心。从视觉之落叶,写到感觉之失落,再写到作者自己,将作品与感悟融为一体,思路如流水一路向前,结构紧凑。文笔自然清新,富有表现力。

读《你要去相信,没有到不了的明天》有感

◆学校:嘉兴市嘉善中学　◆作者:李苏豫　◆指导老师:徐冰焱

"愿有人陪你颠沛流离,如果没有,愿你成为自己的太阳。"卢思浩在这本书开头这么写道。我不知道为什么,默默被其吸引。更妙的是,我只花了短短三小时将它看完,却用了近一个月去细细回味。原来,我们都有相同的经历,或许,是因为我们都有类似的遗憾。(三个小时阅读,一个月回味,对比鲜明。)

茫茫人海中,我们多么渺小,就像那卑微的蚂蚁,忙忙碌碌,却渐渐无能为力,甚至没法控制身边所发生的一切。记得在看这本书的前两天,父母还在吵架,而且不知他们最初的争执是从何时开始。在这车水马龙的城市生存,巨大的压力,生活的烦琐,感情的裂隙,都压抑得让人透不过气来。深夜,伴随着客厅的吵闹,我在被窝里哭红了眼睛。不知何时他俩又累得睡了过去,第二天,生活还在继续,太阳照常升起。伴着他们的争吵,我度过了最难熬的中考,起初我很难理解他们为何三天吵架两天和好,直至读到这本书,恍然就懂了。大家都在长大,包括我的父母。我发现黯然许久的我释怀了,回头再看的时候,发现难过的日子已经过去了。(写现实中的一地鸡毛,为下文心态改变做铺垫。)

未来的某一天,你突然发现,曾经让你痛彻心扉的那些事,已经不能伤害你分毫。

那年初夏,被各种模拟试卷折磨的我们,麻木徘徊,总以为距中考还很远,离毕业还很久。可是看着看着,熬着熬着,黑板上巨大的倒计时分明在一笔一画地减少,让人由麻木变得心慌,忧心忡忡地思量着毕业后是否还能见到那群疯疯癫癫的朋友。同学录不知怎的唰唰地就写了起来,日子过得一天比一天快,所有的担忧与不舍都变成了紧张……中考就在眼前时,突然释怀,三年磨刀,何惧这一时?

别着急,该来的都在路上。(单独成段,醒目。)

时间真的是洪水,冲刷着青春,三年,在弹指一挥间就已消逝,犹记得毕业聚会的那天,大家心中充满重逢的喜悦,双眼含泪,可不知不觉,总发现少了些什么。原来大家感情真的淡了,从"我们班怎么怎么样"变成了"你们班咋的咋的""我们班咋样咋样",话题骤然减少,打过照面后,突然的冷场……事实证明真的越长大越孤单,就像卢思浩所说的那般,这似乎是每一代人都不得不面对的问题。在新的高中,强烈的思念,让我想念我熟悉的同学,只是打开QQ"年华"分组时,面对列表里的上百个人,却突然不知该点开谁的聊天页面。(写中考后的孤单。)

孤独真的是一门必修课。

夜,寂静得太过深沉,我呆呆地躺在新学校的宿舍里,睡不着,感觉好像从一个深坑里刚出来,却又到了另一个深坑,中考完了,还有高考。我拖着疲惫的身子,渐渐地思量这人生,后面的路我究竟该如何去走? 我该如何撑下去? 三年又三年,说慢不慢,说快不快,可让人突然就没了精神,在陌生的学校,不见那熟悉的脸庞,和快要淡出我记忆的身影,我蓦然发现,当初的旧时光早已不在。(写进入高中后的不适。)

只是缺少一个认真的告别。

我清楚地记得那天我们在报告厅的誓师大会,那郑重的承诺,那含泪的誓言,那相互之间的承诺,那苦苦追随的梦想……那么我现在犹豫着想放弃是否太对不起自己,那我曾努力的三年岂不白费? 那顶着黑眼圈刷着牙背着书的日子,那每晚放学留下来刻苦训练的日子,那挤出午休时间考试的日子,让人怎甘心萎靡,让人怎甘心堕落,既然已经努力了三年又何惧再奋斗三年呢? 我想,接下来我会好好努力,至少梦想还在那。(心态由消极转为积极。)

把回忆变成一种力量,才是回忆存在的价值。

所以,请好好守护曾经坚定的信念,曾经感动的感情,曾经灿烂的梦想,不要在未来某个夜里哭得稀里哗啦。要好好地去适应新的高中生活,去为自己的目标奋斗,勿忘初心。记得书中说:"永远要在现在努力,如果你不把今天过得比昨天更有意义,那明天的到来又有什么用呢?"

是的,别让世界改变你的节奏。

人生有多残酷,我就应该要多坚强,在我迷茫时支撑着我的是信念,一个勿忘初心的信念:现在我们那么努力,只是为了将来再回首时,不会让自己都看不起自己。

我有一个信念,它就在那,我会为了它始终坚持下去,就像卢思浩的那本书和他的故事。

点 评

作者是个擅于自我反省的人,读出了《你要去相信,没有到不了的明天》一书的精髓。文章从书中的一句话开始,在临近结尾处又以书中的一句话作结,结构紧凑。身为中学生,生活面很难突破家庭和学校,作者把父母的争吵和中考及高中生活感受作为主要的内容来写,也就不奇怪了;如果这些内容写得简洁些,行文会更紧凑些,会更好。

悦读锦囊

书籍是无声的音乐,是绚丽的绘画,是巍峨的建筑,因为只有它才能纳百川于一海,才能包罗万象,才能将历史活生生地再现在人们面前。书籍能让我们感受到已逝世纪的灯火、黄昏、繁荣和颓败,书籍也能告诉我们这个世界正在发生的我们无法涉足的鲜为人知的故事。书籍将人类自身无法逾越的障碍和局限揭示给了我们,而且毫不保留地将人的痛苦、幸福、愉悦、悲伤、烦闷、绝望、矛盾种种复杂心理启示给我们。从这个意义上说,我们无法离开书。

——迟子建

虔诚的孤独

——读《瓦尔登湖》有感

◆学校:嘉兴市秀州中学　◆作者:朱佳涛　◆指导老师:李海宁

《瓦尔登湖》是虔诚的,也是孤独的。(总写感受,简洁明快。)

所谓的虔诚,是用心去感悟,是对自我及人生命运的思考,是能够赋予短暂人生以永恒的幸福。梭罗在瓦尔登湖畔进行实验,以大地为席,以苍穹为盖,以一颗安静而纯粹的心灵虔诚地、静静地打量着一切,静静地思考。(很有文采。)

梭罗在《瓦尔登湖》中曾经说过:"我爱独处,我从来没有发现比独处更好的伙伴了。在多数情况下,我们外出,到人们中间去时,比待在自己的屋子里更为孤独。"乐于孤独、享受孤独,是我读完《瓦尔登湖》之后最深的感触。(写最深的感受,扣题。)而我所说的孤独,并不是我们原本定义的孤独,那是没人陪伴的孤独,是浮在表面的孤独。真正的孤独,是身处热闹的人群中,你却感觉与世隔绝,人们离你无限遥远,走不进你的心里,好像世间唯有自己一人在行走。这是灵魂的孤独,是没人懂你。梭罗的孤独,不是独来独往、无人陪伴。他认为,思想的交流才是社交的价值。我们的生活太拥挤,互相干扰,彼此牵绊,已经对彼此缺乏敬意了。许多聚会的时间很仓促,没有时间去让人们相互交流,获取新的价值。正是这样,梭罗才向往一个人思考问题,拥有属于自己个人的时间,因为此时直面的是自己,有着只属于自己的绝对自由。

我初读《瓦尔登湖》时,觉得这本书过于安静,太高深,或者更适用于说教,显得空泛。(写初读的感受,为下文真正理解作品做铺垫,欲扬先抑。)但是后来我发现《瓦尔登湖》是一本孤独的书,心生喧闹者是不宜入内的。我们初次接触它时产生的抵触情绪,应该就是我们放不下杂念的表现。后来有一次偶然失眠,就想到看这本空泛说教的书是否能帮助自己入睡,那时正是一个人独处的时光,我居然理解了梭罗字里行间平和的孤独。书中有一句话："生活是不需要钱的,钱是用来买额外的东西的。"人们总是过于追求物欲,以至于舍本逐末。就像一整个衣柜明明已经被塞得满满当当,却还觉得缺那么一件完美的,于是一次又一次地买着那些买了也不会再穿的"时尚"衣服。除了人们趋之若鹜的事物之外,大自然还以强大且细腻的情感在为我们塑造着另一种生活。这种生活远离喧嚣,却可以给人带来赤子之时的天真与满足,让人的心情就如同刚在深谷的溪水旁洗了一把脸,身边草木葳蕤,繁花似锦。(一次失眠,却真正走进了《瓦尔登湖》的世界。)

但即便梭罗的《瓦尔登湖》呈现的是真实的,是令人艳羡、可以理解的,却也不是理解之后便可以收获的。(读懂到收获,这又进了一层。)因为这是一种心境。因为梭罗对瓦尔登湖有着一种敬若神明的爱,这种心境才能够被享受。周国平说:"由于怀着爱的希望,孤独才是可以忍受的,甚至是甜蜜的。"这就是梭罗的心境,上面仿佛缠绕着千年幽绿的苔藓,又像是在水面上漾起极其微弱的层层涟漪,那是原始的简朴、宁静的孤独。(这个比喻很好地表达出了梭罗的心境。)

阅读如悟禅,不是靠烧香磕头,而是需要我们参破勘透。(这个比喻同样精彩。)在阅读《瓦尔登湖》时,我能够体会到作者深入思考与重塑自我的心路历程,感受到宁静的巨大力量,理解了孤独的心境,那是一种虔诚的孤独。这本书也许很小众,因为大多数人读不懂它,理解不了作者,但它会有相对稳定的读者——那些性格相对内向的人们,他们会觉得,这本书与他们平时的思考是类似的,但是梭罗看得比他们更为透彻。在夜深人静时捧着它,能够找回生命最本真的意义。《瓦尔登湖》引领着喜欢自省和独处的人们找到正确的方向,希望我们都能够寻找到自己心中的瓦尔登湖。虽然我们在为了眼前的追求而努力,要低头折腰,但我心里有一个湖,是梭罗给我的。(这个句子太棒了。)我不可能做到像梭罗一样完全清心寡欲,但是他的湖水会在我心头一直荡漾。

魔鬼是绝不会孤独的,但上帝一定是孤独的。我爱这"神赐之滴",净化了尘世喧嚣的灵魂。

点评

作者应该是个沉静而又善思的人,读出了虔诚的孤独。文笔优美、传神,精彩的比喻时有闪现,比如"这就是梭罗的心境,上面仿佛缠绕着千年幽绿的苔藓,又像是在水面上漾起极其微弱的层层涟漪,那是原始的简朴、宁静的孤独"。再如"我心里有一个湖,是梭罗给我的"……文章层次清楚,结构严谨,是不可多得的美文。

悦读锦囊

读书多了,容颜自然改变,许多时候,自己可能以为许多看过的书籍都成过眼烟云,不复记忆,其实它们仍是潜在气质里、在谈吐上、在胸襟的无涯,当然也可能显露在生活和文字中。

——三 毛

请记住"我"

——读《寻梦环游记》有感

◆学校:嘉兴市秀州中学 ◆作者:段新愉 ◆指导老师:吕 萍

今天窗外有些许微风,温度不算太高,在这个夏天里是难得的好天气。我轻轻合上书本,打开窗户,让温热又有点清爽的风吹拂在我的脸上。我悄悄闭上眼,却依旧能感受到皎洁的月光笼罩在我探出的半个身体上。我听着厨房的水声、客厅的电视声以及风穿过树叶时发出的声响,回忆着、感受着、思考着渐渐消失在夜风里的那句话:请记住我。(开头描写有声有色。)

请记住我——梦想和亲情。《寻梦环游记》讲的是一个关于梦想和亲情的故事,这是一个被世人争相书写的题材:故事的主人公是一个小男孩,机缘巧合下,他在两个世界里明白了梦想,也读懂了亲情;故事的背景是西方的亡灵节,在追求梦想的路上,有欢笑、冷眼、反对、背叛、欺骗;故事的结局惹人遐想,富有深意。没错,这不是一本多么轰动世界的巨作,它所表达的思想也没有多么新奇和热情。可,就是这样一本平平淡淡的书,让我的思想起起伏伏了千千万万遍。(有关故事和结尾只是提及,没有叙述,稍有欠缺。)

什么是梦想?人们常说"以梦为马,不负韶华",我想这便是大多数人所认为的梦想,将心中所想化作前进的动力,不惧艰险万难,拼尽全力。可真正的梦想并非个人所独有,而应是联系起与梦想主体有关的人和物的一条纽带。著名思想家马克思以摆脱阶级统治为梦想,在与恩格斯的相互鼓励下,发表了共产主义学说;美国企业家乔布斯立志创建自己的品牌,在贵人的资金鼓励下,渡过难关,才有了如今的苹果品牌;刘备梦想收复故土,在张飞、关羽的鼓励下,发动起义,一路向前,终成蜀国的一代明君……许多名人在被人们熟知之前,都经历了各种歧视和数不尽的失败,他们成功的原因除了自身的天赋和努力之外,很大一部分是来自亲人、朋友的鼓励。就像书中的男孩，他的梦想是成为一个音乐家，而家里人却纷纷反对，直到后来，他得到了自己曾曾爷爷的鼓励，梦想才逐渐走向正轨。这就是梦想，一个需要被看见、被赞同的事业。（以上谈梦想，以马克思、乔布斯、刘备为例，主要论证的是来自亲人、朋友的鼓励。）

什么是亲情？亲情可以带给我们什么？我相信无数的人曾这样问过自己。官方点说，亲情就是在法律赋予的前提条件下，人体自动分泌的一种情感；抽象点说，亲情就是当你累了时回家的列车，当你受伤时哭诉的树洞，当你放弃时仍然坚持在你身边的陪伴；具体点说，亲情就是母亲的一碗热汤，父亲的一句责备。而这本书中的亲情是安慰，是思念，是承诺。居里夫人说："一家人能够相互密切合作，才是世界上唯一真正的幸福。"是啊，亲情的力量不可估量，亲情的作用你意想不到。我想世界上最纯粹的爱就是亲情，这种世代沿袭的爱是深入骨髓的。当然，不少人在享受亲情的同时却总忘了它的存在，也不会问，亲情可以带给我们什么？答案是温暖以及成长。温暖是日常生活的点点滴滴，每一处细小的关心都会在寒风刺骨的现实冬季准时到达；即使温暖不被珍惜，可它依旧会存在长达数十年。亲情带给我们的最后一份礼物，是以失去它为代价开始的新成长。它用生命教导我们什么是爱：不求回报，只愿对方安好。它以此形式将这份沉重而又单纯的爱传承下去，一代又一代。西方的亡灵节，东方的清明节，它所要传达的不是悲伤和哭腔，也不是生命终结后的懊悔与惋惜，而是请你铭记并传承这份难以言表的爱。

关于梦想和亲情，这两个在任何时代都重要的词语，在这本书中被书写得淋漓尽致。小男孩面临梦想和亲情的抉择时，艰难而明确地选择了亲情，但亲情在最后也鼓励他实现梦想。对此，我曾想：也许是因为他更爱家人。但，我错了，是家人更爱他。梦想固然美好，可没有亲情参与的梦想本身就是有遗憾的。故此，将梦想推进的前提是珍惜亲情，守护家人。而在这样的生命进程中，亲情自然也会支撑、鼓励着梦想朝更远的地方走去。纵使历经千险，纵使常遇万难，亲情这个精神支柱，始终是梦想斗争中的避风港湾，始终是不断向前的指示路牌，始终是人生路上一道永不熄灭的耀眼的光。（总结梦想和亲情。）

请记住：梦想和亲情就像生命的螺旋体，在无数次的旋转中，相融为一体，不可分离，且托举你上升。

点评

作者阅读《寻梦环游记》，主要抓住梦想和亲情两个方面来写，纲举目张，条理清晰。如果叙述作品内容时，能梳理出主要的情节和人物的主要特征，文字会更清楚；在谈论自己的感想时，能联想到其他的伟人事迹，表现了作者广阔的视角。如果事例能与观点完全统一，就更好了。

悦读锦囊

阅读经典，不仅是为了增长知识，更是要从中吸取精神资源；经典的选择与阅读，必须有开阔的视野，不仅要读古代经典，还要读现代经典，不仅要读中国经典，而且要读外国经典，不仅要读西方经典，还要读东方国家的经典，不仅要读文学经典，还要读社会科学、人文科学和自然科学的经典，等等，绝不能将任何一个经典绝对化，神圣化，吊死在一棵树上；而在阅读经典的同时，还要阅读生活这部"大书"，关心、参与现实生活的创造，在生活实践中加深对经典的理解。

——钱理群

焉识归来路

——读《陆犯焉识》有感

◆ 学校:嘉兴市第一中学　◆ 作者:裘　真　◆ 指导老师:孟　翀

"他回来了吗?"

"回来了。"

"还来得及吗?"

"来得及的。他已经在路上了。"

"哦。路很远的。"

(以一组对话开篇,独特。也与文题呼应。)

初闻焉识名

我们总说"十年浩劫",其实对很多知识分子而言,是二十年。《陆犯焉识》的大背景,就是那段轰轰烈烈的历史变迁。(交代该书背景,用语简练。)

严歌苓擅长刻画大时代背景下的平民家庭,她笔下的小人物非常鲜活,很有画面感和镜头语言感,这也是为什么她很多的作品被改编成电影的原因。这部作品也不例外,它被张艺谋导演改编成电影《归来》。配上以《渔光曲》改编的主题曲《跟着你到天边》,文字、画面、音乐交织,浑然天成。电影截取了书中最温情的一部分,而把最为深刻、最为悲凉的篇章浓缩成了漫长等待的背景。严歌苓之前擅长刻画的形象多为女性,这与她的个人经历有关。她笔下的人物太真实,很多都带有原生家庭的色彩。这一部作品少见地从男性角色陆焉识起笔,谱写了一曲政治与历史夹缝中的悲歌。女性角色则被置于历史建构中,像是一抹不能被忽视的底色。(女性在作品中的位置做了新的尝试。)

她很聪明。身为美籍华人的她，笔触大胆。她采取的叙事角度很讨喜。四个叙述视角穿插，一是孙女冯学峰，二是回忆录，三是男主人公，四是作者自己。作品的叙述时间很跳脱。此刻与将来穿插，节奏此起彼伏，多时空并存。她的行文很朴素，很克制，中间又穿插了些许冷色调的幽默，少了些许女子的脂粉气，多了一分沉稳的味道。（从作者入手，分析她的其他作品的共性，突出这一部的独特。）

我觉得这本书的书名很有意思。你可以说是一个姓陆的犯人名叫焉识；你可以说是姓陆的凡人怎么预知未来，追求自尊自由的人儿怎么预见自己的悲剧命运；你也可以说婉喻不识具有反抗精神的焉识，只把他当成自己的神，焉识不识风情的婉喻，只把她当作恩娘的附属品；你也可以说陆焉识，焉识路；抑或是与女主人公的名字构成巧妙委婉的讽喻……陆犯焉识，四个汉字，言近旨远。（再从书名去解读，文人取名自有玄机，令人浮想联翩。）

再见焉识人

这本书开篇引子里的环境描写有一种震撼人心的力量。大荒草漠，底色苍凉。不惧怕自然的野兽遇上不惧怕死亡的人类，（两个"不惧怕"有震撼力量。）四处逃窜。

一块欧米茄手表串起故事的始末。它不像有些故事硬是为了凑故事而编织线索，它像是绣花，下一步非走下去不可。（类比贴切。）互相独立的小故事被一块表串成了结构。（神奇的"表"是作者的用心之处。）

"278号"是他，"老几"是他，"老陆"是他，"老头儿"是他，没有人记得他是风流倜傥的少爷，也没有人记得他是满腹经纶的陆教授。他只是陆犯焉识。（两个"没有人记得"读来心酸。）

那个年代，几乎人人都是投石人。

他们都是好人，可那时他们却成了恶人。

大事件掩盖了许多悲伤的小事件。

很多东西，失去了，就是失去了，再也寻不回来了。

最后，他还是回到了那因禁了他二十年的农场，那里，却比家自由。

（这部分通过密集的分段，给我们呈现了主人公命运的坎坷。他们失去了什么？生命还是本心？家园还是精神归宿？这又是谁之过？大主题下的叙事总能显出厚重感。）

终得焉识魂

回望历史,是为了更好地走向未来。那段历史,那个风雨如晦的年代,值得每一个人去了解,去记住。它让时间轴上最简单的数字变为岁月最厚重的注脚。

当我们回过头去面对那一段历史时,能否以平和的心态倾听各种声音? 当我们回过头去审视自己来时的路时,能否坦然接受过往的愚蠢? 我想这种接受是对周遭或好或坏的一切的包容。陆焉识能接受从云间跌落人间,能接受继母编织的牢笼,能接受被硬塞的另一半,能接受派系的纷争……他能忍,对待肮脏,他不反抗,是因他可以对它装聋,对它装瞎。装成结巴,是他保护自己的方式。

是生存还是毁灭? 这是一个亘古不变的选择题。我们的生命将抵达何处,很大程度上取决于我们的选择。在某一个决定人生走向的转折点,在历史洪流的支流口,我们又该如何选择? 在一念间,他选择了反抗。(陆的反抗引发了小作者的敬佩,下文极尽笔力去挖掘这"反抗"背后的深意。)他的选择彰显着勇气,焕发出与众不同的光华。于他,勇气是脱口而出时一瞬间的闪念;勇气是坚守自由与爱情一辈子的执念。当他看清生活真相,身处残酷岁月时,依旧选择活着。"真的猛士,敢于直面惨淡的人生,敢于正视淋漓的鲜血。"(及时引用鲁迅的话。)他在最险恶的境遇中选择了尊严,选择了自由,选择了反抗,这种选择本身,就彰显着人性的高贵,那在大荒草漠里不曾有的高贵。你尽可以说他是个傻瓜,不知变通,但在我眼里,他是故事里面最高贵、最不该被亵渎的人物。看了他,我总会产生这人间不值得他用力生活的想法。有人唱道:"烧出我童年,烧过我青春,烧完我人生黄昏。"陆选择了燃烧他的岁月青春,不问前途,只求自由,燃尽自己,然后离开。(四字句,铿锵有力。)那一点又一点的星星光芒,点亮了每一个风雨如晦的日子。

只要那一颗初心仍在,风雨或是失忆就阻绝不了归来的路。孔子说"居之无倦,行之以忠"。抛开一切世俗的附加,你的心还是原来的模样吗? 历史被齿轮牵绊,万物被命运掌管,面对这并不纯粹的人世间,似乎一切坚守成了徒劳,于是乎,有些人渴望放弃挣扎。那么,你甘心吗? 你是否还能坚守那片桃花源,继续找寻梦中的蝴蝶?(连续发问,增强语势。)

陪伴是温暖人心的力量,陆焉识和冯婉喻的遇见并不是那么美好,但还是走到了一起。纵然时代变了,人心变了,他们也变了,但,他们还是彼此的他们。他陪着不识他的她,就这样走完了一生。

纵然前路风霜,纵使底色苍凉,我们仍要大步流星地走下去,不试试,怎会知晓自己有没有力量? 只有走到生命的终点,等待的价值才能被评价。

鲁迅先生曾说:"前途很远,也很暗,然而不要怕,不怕的人面前才有路。"要坚信在路的尽头,总会有你的"婉喻"招手相迎。(巧妙回扣原文。)

点评

三部分内容层层深入,体现了读一本书的自然过程。小作者在表情达意时的力度恰到好处,值得我们学习。开篇不慌不忙,以对话展开;第一部分理性稳重,介绍作者和创作风格,探究书名含义;第二部分节奏加快,掷地有声;第三部分,设问排比,气势壮大。情感与节奏能相互影响,处理好两者关系,让文章更和谐有韵味。

悦读锦囊

处理现实生活是目的,读书只是达到这个目的许多手段之一。要使书为你自己用,不要让你自己去做书的奴隶。

——叶圣陶

生以啜芳华,行而沐春光

——读《摆渡人》有感

◆ 学校:嘉兴市建筑工业学校　◆ 作者:何茂竹　◆ 指导老师:陈忠杰

黄尘古道,是否被黄沙迷了双眸? 堂皇殿上,是否被名利乱了心智? 枕冷衾寒,是否被夜色遮掩了希冀?(三个问句,醒目提神。)

山河冷,尘世乱。我们的灵魂暴露在日光下,迎接着人世风尘的诱惑和折磨。如同行走在悬崖边缘,一不小心,就坠入深渊。而人生,是一段救赎的光阴,可以自救或者渡人。(此段概括简洁,总领全篇。)

迪伦自救,崔斯坦渡人,他们亦是彼此的摆渡人。他们一起穿越恶灵遍地的荒原,帮助迪伦到达天堂,而迪伦为了爱最终和崔斯坦一起重返人间。

在那个暗无天日的荒原,灵魂如同初生的婴孩一般脆弱,稍有不慎,就有可能坠入地狱。

"谁是生命中的旅行者,谁是生命的车轮,过去的尘埃,现在的世界的风,灵魂的无限的悲哀。最后,没有人是任何人。"地狱之所以是地狱,是因为里面都是些堕落的灵魂,十万幽冥,凄凄凉凉,他们在穿越人生荒原的时候,丢失了自我,只剩下"未生已死之身"。

在这个人生的荒原里,为了再次拥有这份感觉,值得冒永远沉沦的风险吗?

值得!

灵魂深处的路,道阻且长,我们所能做的选择只有:要么现在就迈出步伐,要么永远不踏出那一步。

世人皆苦,苦渡世人。正是因为这份苦涩,让我们珍视美好。饮一口烈酒,虽灼涩了喉咙,却能在凛冽的北风中,得到涓涓暖意。越是寂寞情愁未断绝,越是潺潺冷雨不停息,待越过半生风雪,才发觉往事不过一盏茶的光阴,薄如青烟,逝如

113

轻尘。风中的来去从容,不过是倚仗心中信念:生以啜芳华,行而沐春光。

荒原如同一面镜子,折射出内心的感受,你若内心荒凉,那么便是群山寂静,手持的烛光都暗淡;你若内心灿烂,那么便是群星璀璨,路过的花木都向阳。(对比鲜明。)

我们未必都要等待别人的救赎,强者自救,圣者渡人。世间生灵无数,就如同那巍巍高山,绵延不绝。在人生这趟苦旅中,总有人像迪伦那样山一程,水一程,负重逆行,穿越荒原,追求那份美好。他们这一生,啜尽人间芳华,碾过无常世事,沐浴在春光下,万水千山,初心未改,最终抵达那样的风景:

秋日温和的阳光,透过红色枫树的树枝间,落进少年的眼睛里,染出一片耀眼且跳跃着笑意的光芒。

"嗨。"

她也轻声回了一句,嘴唇颤抖着露出微笑,弯弯的眼角,在光芒下柔和成了一座桥——

"原来你在这里……"

"……我在这里。"

心若向阳,无畏荒野。但并不是每个人都能守住心底的桃源。他们站在记忆的尽头,忙碌地打捞,打捞那段逝去不回的年华。清愁断不净,秋水复更流,离了岸的船,丢了最初的心,便找不到停泊的港湾了。(比喻、整句运用得很好。)

日月既往,不可复追,花影匆匆,尽消了芳菲。

终有一天,你会穿过万家灯火的街市,离开朝夕相处的亲人,独自一人来到穷途末路的人生尽头。你将置身于有着无数游魂的大荒原,你会被无数如狼似虎的恶灵围绕,你要记得,你的命运被绑在刀尖上,灵魂高悬在天幕上,刀尖须得永远向前,灵魂须得不磷不缁。

命运的盛宴不期而至,瓢泼的大雨早有预谋,世间多风雨,前路亦坎坷。退?停?不,不是这些,我愿身披黄金甲,手持冷铁刃,向前,向前!(运用拟人、设问和反复,很有文采。)

踏过旧山河,向着我的桃源,竹杖芒鞋,吟啸徐行,生以啜芳华,行如沐春光。

点评

作者以对话的形式,为读者展开自己对小说《摆渡人》的解读,语言华美、绚丽,拟人、比喻、对偶等修辞层出不穷。本文引用和感想混为一体,展示了作者非凡的语言驾驭能力。

悦读锦囊

读书只要有恒心,自能培养出兴趣,自能养成为习惯,从此可以提高人生境界。这是任何数量的金钱所买不到的。

——钱 穆

心灵的栖所从来都由你自己决定

——读《把心安顿好》有感

◆学校:嘉善高级中学　◆作者:史可人　◆指导老师:朱苗苗

　　看到这个标题的你,或许会觉得,这自是理所当然。诚然,从物质世界的角度来看,我们将手放在胸口,都会感受到心脏有力而有节奏的搏动,一旦离开人体,它将失去意义,生命也就此消逝。然而转换视角,心有所想,心有所托,那么,无形的心灵将如何安顿?("物质世界"与"心有所想"两个方面对比鲜明。)套用莎士比亚笔下哈姆雷特式的质问:"于己,还是于人,这是个问题",是无解的人生哲学。

　　而我,选择将心灵安放在自己身上。

　　有这样一个富有哲理的小故事,说是有一个人去拜佛,看到旁边虔诚跪拜的人超凡脱俗,眉眼模样、周身衣着都与那尊大佛神似,再定睛一看,恰是佛祖本尊,连连叩首,随即问:"您为何要跪拜自己呢?"佛祖笑了笑:"所谓求人不如求己!"简单的故事却有着奇幻的色彩,其间哲理直白深刻。(这个小故事增强了文章的趣味性。)

　　求人不如求己。生命中的模糊和晦暗从来都如影随形,生活中的晦涩和琐碎也从来没有人可以摆脱。当你在无人的角落贴着墙角坐下,双手环住膝盖,头埋进臂弯,蜷缩成球时,当你无所顾忌地大哭一场时,当泪渍被风吹干、僵在脸上扯着生疼时,当你双眼红肿再也淌不出一滴泪水时,那个环抱着自己的你就像雨后的灿烂彩虹,就像风平浪静的海面,是否感受到一种踏实?(描写富有画面感。)那是有力的安全感,那是每个人自身的力量在用最高效的方式抚慰自己。当你感觉力量消逝的时候,当心口需要一份温度的时候,至少有一间小屋永远为你敞开着。

　　世事无常,我们无法选择自己的境遇,"生老病死,悲欢离合",长长短短的人生不过这八字,说得轻巧。而我终究是个俗人。

心灵的栖所从来都由你自己决定，面对生死，我们将何去何从。

"生死"是一个永恒的话题。见到老人，我总是有绕行的冲动。绝不是因他们迟缓的步伐而失了耐性，着实是那份衰老总让我心痛。诚然有些可笑，然这确是一个十六岁少女对衰老的一种畏惧，一种逃避。不必说此时年少，其实我们都一样，都在一天天地衰老，只是曾经的我们对之企盼，将其称作"成长"。当父亲被岁月刻画成一个大腹便便的中年男子时，当几缕白发藏匿于母亲的青丝之中时，我看见了衰老。我感受到自然的力量，我目睹人在生老病死的轨迹中按部就班，我体会到在这不可抗力之中，我们究竟有多么渺小。

"老"并不等同于"死"，只能说后者往往是前者的终点。俗话说"好死不如赖活"，我却难以苟同。虽说不是司马迁"人固有一死，或重于泰山，或轻于鸿毛"的超然，我只是论这"赖活"是怎般活法。我是畏惧衰老的，倒不是太在意那时的自己鬓间是否斑白，面部是否被岁月冲蚀出一道道深壑，体态是否臃肿，双手是否变得粗糙厚实，因为这样的外貌定是不及亭亭玉立的少女。但相比之下，时光的车轮碾过，让衰老成为岁月的结晶，也不失独特的韵味。生活的每一秒都是未知的剧目，生死的循环却是命中注定。我们用长长的一生等待死亡这一必然到来的节日，虽说不上"翘首以盼"，也不必"耿耿于怀"。

或许死亡并不可怕，可怕的是衰老的过程。就像被判处死刑的罪犯，痛苦从来都不是扳机被叩响，子弹重击身体的那一刻，而是等待必然死亡的每分每秒。你想象着，假使有一天，那时的你拄着拐杖，双眼浑浊，白内障或是别的疾病再或是单纯的衰老让你的眼前不再是曾经的明媚，甚至你已成为一个盲人。你用拐杖摸索着前方，确保没有障碍物之后，双手紧握拐杖，身体前倾，将全身的重量悉数施加在支撑着的拐杖上，缓缓挪动步子，甚至是拖动不听使唤的双腿，如同被施了咒的僵尸一般，步步向前。或是坐上轮椅，双手艰难地滚动着两边的轮子，费力地前进，还常常失了方向。再不济，只得被禁锢住自由瘫倒在床，费力爬起，努力去够床头的水杯；牙口不好，一日三餐只能是千篇一律的流质食品，只能周而复始地守着自己那一方土地。*（将心比心，这种联想，来自作者善感的内心。）*

或许是浅薄的人生阅历，让如今愚昧的我纠结于这自然的不可抗力。但我转念一想，生活本是磨砺，活着极为不易，这是自然给予每个人的必然考验。我们无法决定生死，无法决定自己如何老去，但是可以选择"如何活"。那是上天的公平，是上天赋予每个人的同等权利，孰对孰错不是试卷上简单的对钩或是叉叉，我们没有补考的权利，结果的好坏都只能由自己承担。

心灵的栖所从来都由你自己决定,很多时候我们总想让时间快进,看看最终的结果是不是值得,而没有耐心去体味生而为人所可以享受的生活的滋味。

杨绛先生在百岁时写下:"人生最曼妙的风景,竟是内心的淡定与从容。我们曾如此期盼外界的认可,到最后才知道:世界是自己的,与他人毫无关系。"

而这"淡定""从容""自我"恰是我理想的人生境界。

曾有作家以鸽子喻人生:在世界各地的广场上多的是为了自己的欢乐一次次冲进鸽群,自私地欣赏着白色的翅膀连成一片飞向天空的游客;多的是慷慨抛撒谷粒,看着鸽子们扑向食物甚至彼此争抢的投食者;多的是在窗台水管上插满细长尖锐的钢筋,以防鸽子歇息的管理员。人们总以各种不公平的姿态玩弄鸽子,对于鸽子的控制带给他们上帝般的快感。但事实却也总像"周瑜打黄盖——一个愿打一个愿挨",多的是虚荣懒惰的鸽子贪恋城市唾手可得的食物,宁愿日日活在惶恐之中频频受惊,吃个饭都不得安宁。而在意大利的穆拉诺小岛上,也有这样一群鸽子,那里阳光充沛,吃的东西虽不多,但是生活节奏缓慢。没有无聊的游客,也没有刻意讨好的投食者,只有亚得里亚海上的蓝天白云,只有灿烂阳光下耀眼的白色砖瓦,只有一颗淡定从容的心。

对于鸽子而言,生活的真意就在从容啄食的过程之中,而我们生而为人,更应淡定从容地投入生活,无论前进还是后退,都身姿挺拔。正如某位禅师所言,"人生在世如自处荆棘之中,心不动人亦不为所动",这世上最好的境界,恰是淡定与从容。不贪恋城市的繁荣优越,而是远离车马喧嚣,在心中修篱种菊。(此句有文采。)

卡夫卡说:"笼子出发去找鸟儿。"

我们没有权利去批判或是肯定卡夫卡,但是,我们都与他一样处于无形的束缚之中,从来都背着笼子四处行走。世事变迁,沧海桑田,为了追寻更好的自己,我们难免会打破束缚,脱离既定的轨道。前路漫漫,前途是未知的迷茫,不确定性注定了好坏未知的结局。但是,倘若我们对生活缺乏真诚,对自我丧失信任,我们便会变得软弱无能,变得脆弱平庸,变成自我与旁人期待的牺牲品。

追寻自我的过程在历史上曾呈现为一类人的追求。20世纪70年代女性解放运动在美国开展,以 Mary Kelly 为代表的女性艺术家开始了追求自己合理权利的斗争。她们在博物馆门前静坐示威,她们在公共场合宣传女性艺术家的权利,她们互相支持,自己出钱办展览。她们挂着探照灯来到天台,在夜幕下,探照灯在底片上划下痕迹。她们起先抓拍的照片上还有着模糊朦胧的人影,到最后只剩下一团团熊熊燃烧的跳舞的光。那亦是自我的光芒,女性的光芒,在夜色中,在全世界,在历史长河中熠熠生辉。这不只是个人追求自我的行为艺术,而是女性甚至是全人类对公平、对权利的追逐。

因而,追求自我的过程实际也是个人与社会在实践和理论两方面的统一,是自我价值的升华。

我想说,心灵的栖所从来都由你自己决定,愿我,愿你,能淡然于世,笑谈生死,活得从容自我,过得充实恣意。

点 评

作者敏感善思,描写富有画面感,很有表现力。如果语言更为简洁些,有些内容安排得更为紧凑些,本文会更精彩。还有,既然是写《把心安顿好》的读后感,感想从何而来,是一定要做出交代的,只是把自己的感受一股脑地写出来,缺少感想产生的土壤——原文。

给梦想重生的时间

——读《解忧杂货店》有感

◆学校:海盐高级中学　◆作者:舒思瑶　◆指导老师:顾群会

我看到克郎,在书中。

他好像一个落魄的音乐家,背着自己的吉他。落日余晖拉长的影子,在诉说着克郎梦想无尽的怅惘。(把主人公定格在了一个唯美的画面中。)

克郎是个有才华却又不得意的固执的人。为了自己的音乐梦想,他做出几番努力。哪怕只是在角落里踽踽独行。克郎坚信,黑暗中也有璀璨的花朵,希望会在黑暗中沉睡,也一定会在黎明时醒来。(为实现梦想不懈奋斗,不屈不挠。)

我也这么认为。而事实是,克郎没有实现自己的梦想。一场大火夺去了克郎年轻的生命。一朵正准备怒放的花朵,从此魂归大地。克郎的离去,让他的音乐之路就此结束。那精心准备的《重生》,还未来得及绽放就石沉大海,着实令人惋惜。

然而,时过境迁。那场大火中得到重生的女孩竟极具音乐才华。为了报答克郎的恩情,女孩成了绝代的天才女歌手。那首《重生》,成了她的成名作。而克郎的梦想,因为女孩得以实现。一个梦想,竟可以跨越数十年,一鸣惊人。(因救人而去世的克郎的梦想在被救女孩的身上得到延续,体现了梦想的伟大力量,丰富了小说的内涵。)

那首《重生》,是梦想的重生,也是人的重生。

但现实往往如克郎离去般不尽如人意。我又何尝不是如此失意,望着桌上叠放整齐的英语试卷,它如同不谙世事的孩童,眨巴着大眼睛凝视着我。手中还是那支已握得温热的笔,耳朵里仍回响着那难度系数颇高的英语听力。这样的情景,在现实中已轮回了无数次,像无限循环的魔咒,一直随着我日复一日。我这个简单而又极庸俗的小梦想,这个渴望挑战英语最高分的小梦想,在现实的打击下,像石缝中求生存的小草,怕是已经奄奄一息。每当面对考试失利时,我就像克郎在面对专业音乐人的点评时一样,那样无助,那样心有余而力不足。在付出应有的努力后,没有达到预期的结果往往更让人沮丧。我跟克郎,是同样的失意人。(在克郎身上我找到了自己的影子,通过写自己生活中的故事来表达相同的感悟。)

但我们都忘了,石缝中生存的小草终有一日会沐浴阳光的温暖,即使跨越数载的梦想,也终有一天会闪闪发光。

那次考试后,走出考场的我显得格外轻松。向来拿手的英语,这次仿佛更让我有信心。成绩很快就出来了。果不其然,这一次,我成功地挑战了英语,心中的一块石头"咚"的一声落了地。数年磨砺,终于在这一刻得到了回应。望着那来之不易的高分,我仿佛看到了伏在书桌前的自己。那个曾因为一个长难句,翻遍语法书,一字一句地做研究的自己;那个曾因为一个语法点,找遍所有的例句,一次一次地做分析的自己。我曾以为,即便用很大很大的力气,梦想的距离也仍旧不会缩短。我曾以为,梦想与现实总是所谓伊人,在水一方。可事实是,在不经意间,小小的梦想悄悄长大,它在暗暗地抽枝吐芽,含苞待放,直到它张牙舞爪(用词大胆,有表现力)地怒放。(坚持之后的绽放,惊艳!)

我们总是忘记了,美丽需要时间去等待,梦想需要时间去成长。如同种一株玫瑰,仅是精心照料,不会让它开出动人的花朵。它需要经过春风的抚摸,时光的安慰。正如要拍出令人惊叹的巨片,只有最好的单反、最好的角度、最顶尖的摄影师也远远不够。它需要时间的契合,需要等待一个最美的时机。而这些,都不能一蹴而就。每一个梦想都可爱得像天真烂漫的儿童,我们为之付出了生命般珍贵的热情,而每一个梦想,又珍贵得像陈年的老酒,经过时光的酿造才更醇香。(用多个比喻,表达对梦想的理解。)

于克郎而言,他的梦想离他实在遥远。孤独的音乐之路让克郎只能成为一个业余歌手。但克郎的梦想又是超越生命的。延续数年的《重生》再一次响起时,克郎的梦想也得到了重生。那一个梦想,沉睡了时光,也惊艳了流年。(说回作品。)

对于梦想,我们只需要在阳光下奔跑。不必着急,因为傲人的梦想也需要时光来等待。请给予梦想重生的时间,黎明自会到来。(明确文章主旨。)

点 评

本文所写内容是《解忧杂货店》中的一个故事。无论是对主人公克郎的描述还是对自身经历的再现，小作者都能紧扣"坚持梦想"这一主题。文字清新隽永，情感坚定有力，对追梦精神的肯定贯穿全文。

悦读锦囊

古今之成大事业、大学问者，必经过三种之境界："昨夜西风凋碧树，独上高楼，望尽天涯路"。此第一境也。"衣带渐宽终不悔，为伊消得人憔悴"。此第二境也。"众里寻他千百度，蓦然回首，那人却在灯火阑珊处"。此第三境也。

——王国维

西西弗的苦难与阳光

——读《西西弗的神话》有感

◆学校:嘉善高级中学 ◆作者:孙予欣 ◆指导老师:潘春霞

有时候,常常是一个雨天就会让人心情变得非常低落,好像一切事物都没有了它本身的意义。

《西西弗的神话》总是在这样的时刻被我想起,一百年前的加缪将失去信仰的欧洲人从痛苦中拯救出来,一百年后的加缪则给予迷惘中的我们一丝反抗的勇气。他承认了这个世界的荒谬,他就是一个注定要失败的人。他没有怨恨,没有犹豫,不存在任何希望。如果仅仅是这样,西西弗不会成为一个英雄,加缪也不会在一百年后仍被思索。因为他是与无可阻挡的命运对抗的人,他明知道劳而无功,却仍朝着不知尽头的痛苦走去,脚步沉重而均匀。(文字极有概括力。)

距离山顶只剩几步,西西弗仍然没有放慢他的脚步,尽管他清醒地认识到无数次的胜利其实就是无数次的失败。随着轰的一声巨响,巨石以无法阻挡的速度朝山下滚去,于是西西弗又朝山下走去。

在读第一遍的时候,我不懂,西西弗如何会幸福? 他永远也无法挣脱,所有的一切都是徒劳无功。众神把这作为最严厉的惩罚,巧的是中国也有相似的吴刚伐桂的故事。躺在床上,我想:如果他们是凡人,他们情愿死去吧? 如果我的生活如此单调、重复又荒诞,那么我为什么要生活? 胡思乱想着,我忽然有些害怕了:周一,周二,周三,周四,周五,周六,周日……生活像是一个西西弗式的死循环。(由希腊的西西弗联想到我国的吴刚伐桂,足见作者的人文功底。)

每个人都是西西弗,每个人都是自己的英雄。西西弗最伟大的地方就在于他迎了上去,他的脸板成了一块发青的石壁,汗顺着他的发丝滴下。是的,他知道! 但他轻蔑地笑了。这就是他对命运的反抗,用百倍的爱与激情迎接,此刻他的生

命是自己的，他做出了选择，坦然承担生命赋予的一切喜悦与苦难。这是他唯一的目的。于是幸福从荒谬中诞生，希望从绝望中蜕变。他不是为了把石头推上山顶而推石头，他感受着石头的粗糙，感受着路旁小虫子的鸣叫，感受着思考的快乐。(笔锋一转，写出西西弗的高贵：幸福从荒谬中诞生。)

如果永远无法超越生命，那就去热爱它，爱是对荒谬的反抗。(作者深深地被作品感动了，不然写不出这样的结论。)一种勇气从脚底升起，充斥着我的指尖、我的心。绝望和沮丧离我而去，我不害怕了。哪怕周一仍然会到来，我爱它，正如我热爱阳光、海水和夏天。我是我生活的主人。我被偶然的荒诞抛入这个世界，从此开始荒谬的一生，但我选择在不断前进的过程中探索、思考、感受鲜活的生命。我感到了前所未有的自由和轻松，因为当每一件事的意义被剥去后，痛苦也成为可以体验和咀嚼的东西了。

"在光亮中，世界始终是我们最初和最后的爱。"

活下去，在荒诞的沙漠里幸福地活下去，幸福地歌唱。(志气高昂，同开头的荒谬形成强烈的对比。)

点 评

作者感觉敏锐，语言洗练，小小年纪思想却很有深度，这应该得之于阅读与思考吧！开头写生命的荒谬，接下去写力量的获得，并揭示出西西弗的高贵所在，越写越激昂，节奏明快，首尾对比鲜明，令人拍案叫绝。

流落凡间的天使
——读《悲惨世界》有感

◆学校:桐乡市高级中学　◆作者:唐嘉悦　◆指导老师:李　燕

拨开乳白色的浓雾,清晨的第一抹微光缓和地照了过来,映在那辽远一隅,金色的眼眸缓缓张开,慵懒的瞳仁有力地收缩聚集,仿佛要吸尽天地的灵气。阳光在他柔软的鬓发上舞动跳跃,洒上层层金粉,使那本就富有光泽的金发闪耀出迷人的景象。他的头一点点地抬起,露出光洁饱满的额头,象征着睿智与哲思。越发清晰的光束勾勒出挺拔的鼻梁,五官精致的轮廓随之显现,毫无瑕疵的面庞让人惊叹! 淡淡的云气渐渐上盈,缭绕于嘴角,幻化成一个似是而非的浅笑。啊,他终于扬起了头。在一片祥和静谧的声息里,目光对视——啊,天使! 他展开洁白丰满的羽翼,刹那间,金光万丈! 天使挥动着翅膀掠过云端,划出一道优美的弧线。他俯视着大地,眼里满是怜悯。“你们可安好?”宛若来自另一个时空的呓语。原来,他在找寻人间的同伴——那些流落凡间的天使。(详尽的细节描写,描绘出了沙威天使般的容貌,照应文题。)

他叫沙威,存在于雨果的《悲惨世界》一书中。

那是一个腥风血雨的年代,法国社会动荡不安。沙威出生于监狱。卑微的出身并没有掩盖他的天赋,也阻挡不了他的信仰。他梦想成为一名保护社会的警察——事实上,他也干得很出色,四十岁就当上了警长。(简洁地交代了故事背景。)

沙威是一名长相很有特点的警察。纵观全书,哪怕是对于主角冉阿让,雨果也没有给出过如此集中细致的肖像描写——“延伸到鼻孔边的大络腮胡”“狰狞可怕的笑容”“猛兽般的牙齿和牙床”“头盖骨扁平”“双眼之间皱起一个疙瘩”“目光阴沉犀利,刺人心脾”……总之,这是一副凶恶的面相,令人望而生畏。(与主角对

比,突出沙威的不同寻常。)

而这般长相,也非常完美地折射出了沙威的性格。他极度偏执,尊敬官府,仇视反叛。这两种情感本来很简单,也可以说是相当好。但就是这么朴实的情感,在沙威身上却变了样。他像狂热的信徒那样恭顺而倨傲——他曾逮捕过越狱的父亲,还告发了潜逃的母亲,并为自己的大义灭亲而自鸣得意。凡是在政府有一官半职的人,他对之都有一种盲目的景仰;对于那些曾触犯过法律的人,不管他们是出于什么样的原因,他都一概予以唾弃与鄙夷。(寥寥几笔,鲜明地刻画出沙威独特的性格。)

这样的警长,无疑是全书最大的反派人物,冷漠死板,不近人情。童年的悲惨经历和生活环境,让沙威不曾感受过仁爱的伟大,这造成了他性格的缺陷和信仰的扭曲。而幼年时父亲曾指着冉阿让对他说:"他已经越狱两次了。"这句话在沙威心中深深地扎下了根,也让他永远记住了这个不可饶恕的越狱犯。

沙威是冷漠、阴险的"鹰犬",代表了当时法国旧社会心狠手辣的政府"走狗",固守法权信仰而对法律和制度唯命是从。同时,他又是一名优秀得近乎完美的警长——沙威曾靠他丰富的经验,敏锐地嗅出了市长马德兰的可疑之处;他正确果断地跟踪追捕冉阿让,虽然最终因队友的愚蠢与拖延错失了时机;他甚至在数十年之后仅凭报纸上扑朔迷离的信息,乔装打扮成老乞丐,识破了公认已死的冉阿让。(情节梳理后的再现。)

慈悲是罪犯的根苗,所以沙威穷其一生也誓将冉阿让抓回。但就在一次又一次与死对头冉阿让的斗争中,他逐渐"迷失"了自己……(过渡自然。)

      街垒。

      被起义军五花大绑的沙威。

      对沙威执行枪决的冉阿让。

      "你报复吧。"

      "匕首!你做得对,这个更适合你。"

      "您自由了。"冉阿让说。

      "你小心一点儿。"

      "走吧。"冉阿让说。

      "您真叫我厌烦,还不如直接杀了我。"

      "您走吧。"冉阿让说。

或许沙威自己并没有察觉到，他已经不用"你"来对冉阿让说话了——此时，他的理性已经受到极大的挑战，信仰开始受到剧烈的冲击。(通过人称的变化这一细节,暗示着沙威开始转变。)

下水道。

背着马吕斯、疲惫不堪的冉阿让。

身材魁梧的男子,身着一件长大衣,两臂交叉——沙威。

"您是谁?"沙威。

"是我。"

"您是谁?"沙威问。

"冉阿让。"

"您抓住我了。其实从今天早晨起,我就已经是您的犯人了,所以我把地址告诉了您,我绝没有逃走的意思。您可以逮捕我。不过,请答应我一件事。"

"车夫!"沙威道。

……

"请允许我先回家一趟吧,以后随您怎样处置我。"

"车夫,武人街,7号。"沙威说。

凝视着漆黑的楼道,他转身离去。

几个小时之后,沙威已不再是从前那个纯纯粹粹、非黑即白的人了。

他究竟怎么了? 他找不到自己了。他惊愕于冉阿让原谅了他,更害怕自己也原谅了冉阿让。他受了一个法律所不容的苦役犯的恩赐,又认为这个苦役犯是值得敬重的。然而他的职责,却是要把冉阿让再抓回来……良心和职责在他内心激烈交战,陷入永远也无法调和的矛盾之中。

此刻,沙威身上的人性真正开始复活,更高层次的良知开始被唤醒。复归的人性动摇了他对法律和官府的盲目信仰,他苦苦坚守的价值观和人生观猛然崩塌。那种无力感、茫然和内心激烈斗争的煎熬瞬间摧毁了他。

沙威不知道自己能有什么样的出路。于是,自尽似乎成了无可选择中的唯一选择。几分钟后,塞纳河畔,一个高大、黑色的人影笔直地掉进了黑暗中,传来一阵低沉的落水声……

沙威死了，死在了塞纳河里。（单独成段，短句形式，表明了沙威之死给人的震撼之大。）

他的死，给了我强烈的震撼。我时常在想，死亡的方式有很多种，可他为什么偏偏选择了塞纳河？（采用问句，引发思考。）

或许，是因为塞纳河水澄净吧。

沙威用自己的一生来苦苦守护内心唯一的信仰，可到头来却发现那是错的——就像一个虔诚的教徒突然意识到上帝是不存在的一样。这样的悲痛，撕心裂肺，赛过坦塔罗斯之苦，不是任何的伤痛所能企及的呀——这是对人一生的否定啊！他想坚守法律与制度，却又不愿否认冉阿让的善良，他接受不了这样矛盾并且违反法规的自己！（多个感叹号，写出了沙威的苦痛与矛盾。）他觉得自己肮脏透顶。所以塞纳河对他而言，可以荡涤那些污秽，可以浸润他的心灵……他一生，都想维护所谓的秩序，既然违反了，就让他以死谢罪吧，就让塞纳河水来净化这一切吧……他至死，都要做回那个纯粹干净、心向社会的沙威。（回答了上文问题，深化了人物形象。）

在悲惨的世界里，冉阿让是悲惨的，悲惨于因饥饿偷一块面包，最终被监禁了十九年；芳汀是悲惨的，悲惨于被人抛弃，为了女儿与生计饱受屈辱，劳累而死；珂赛特也是悲惨的，悲惨于受尽折磨的童年，瘦弱得像一只云雀……马吕斯、彭眉胥、ABC的革命者、爱潘妮、小伽弗洛什……他们，都有悲惨的经历；他们，都深受读者的怜悯。可是没有谁，会同情沙威。

沙威，人们说他是屠杀者，是刽子手，他就算是死，也只是男主角冉阿让的反衬，成为社会的遗弃者。但在我看来，他从来都不是一个邪恶的人；身为警长，他也绝不是《变色龙》里奥楚密洛夫一样的败类——他不过是正义的守护者，也是正义的顽固者，他只是一直坚守已扭曲的法权和不公正的正义。可无数的矛头都指向沙威，说他是这个悲惨世界的缔造者。但他究竟又做错了什么呢？他这一辈子，就是为了维护社会而生，最后又因社会而死。他的死是法律所代表的正义和人性所代表的正义的一种碰撞，他的悲惨就在于成了这种碰撞的牺牲品。他的一生都充满了殉道意味。沙威，他同样在悲惨的世界中悲惨着啊！

而这样悲惨的他，即使在死之前，也依然平静地走进警署，做了他认为应该做的事。

跨越几个世纪的时空，我仍能看见一个孤寂而高傲的警长以他一贯的风格，镇静地提笔写字。一笔一画,刚正如他。可为何这"沙沙沙"的摩擦声,却是如此哀伤?像是一首诀别的挽歌,载着不甘、挣扎与绝望的音符如潮水般涌来,退去后,也不知要去向何方,他希望这个世界即使在他离去后,也依然运行在它应该运行的轨道上……

我一直都莫名地认为,没有什么情节比这一幕更催人泪下了。

在人性复苏的最后一刻,沙威死了。悲惨的他即将面临心灵的救赎,却在最后一刻选择了死亡。沙威一生都在不遗余力地为社会付出,最终却落得了被逼死的悲惨结局。但我相信,他的死,同时也预示着更多的人会得到救赎,会选择新生,更多的人性必将苏醒。

我想,这就是沙威死前所希望的"这个世界应该运行的轨道"吧!

(以上几段体现了作者的爱憎分明,情感充沛又理性。为什么沙威这一反面人物会被作者称为"流落凡间的天使"?这一问题在这里找到了答案。)

可我终究不过是一个活在21世纪的凡夫俗子,没有资格去高谈阔论造成沙威悲剧的根源,也不会不知羞耻地对19世纪的法兰西历史指手画脚。每一个悲剧中的主角,我们从他们身上看到的,永远不只是一个人。他们代表一群人,代表我们似曾相识的某种生活,他们让我们看到人之善、人之恶,人在善恶之间的层层计算与掂量。剥去小说特定情节的冗杂,洗去岁月长久积淀的铅华,沙威这一角色的典型意义在于——他是个恶贯满盈的好人。而我所能做的,就是仰望这颗不平凡的灵魂,并对同样如他般高贵不屈的灵魂致以崇高的景仰。(从书里走到了现实生活中。)

雨果喜欢塑造矛盾的人物,不止沙威,还有《九三年》里阴狠狡诈的朗德纳克侯爵,那个智斗炮手、冒死救出火海中的小孩的反革命者。坚信"在绝对正确的革命之上有一个绝对正确的人道主义"的郭文宽恕了侯爵,这或许是作者的本意。而最终郭文与西穆尔登的死,也是在信仰与现实碰撞下的一种悲哀。雨果写"死"了沙威,却写"活"了朗德纳克,这可能就是对他们的宽恕——因为他们其实本无区别,都叫人爱不得又恨不得。(引申到雨果其他作品中的同类人物的刻画,拓展了视野。)

只知一味发战争财的辛德勒洗心革面,列出了一份人类历史上最伟大的名单。他拯救了二战中的犹太人,也救赎了他自己。纵使最后狼狈流亡,也抹不去他身上散发的人性光辉。

电影《我不是药神》中,"药神"程勇从原先为获取高额利润走私假药,到后来

帮助无数处于绝望深渊的患者，以致违犯法律，不可避免地卷入"假药案"的旋涡。他的结局令人唏嘘，但警车两旁站满为他送行的普通民众与患者，让观众为之动容。（辛德勒和"药神"程勇的事例再次印证了人性的复杂。）

这些人，谈不上好，也称不上坏，披着看似庸俗的躯壳，却总让人感觉到丝丝缕缕的高尚。愿天国的使者，能够接纳这些可怜人，安抚他们的灵魂。或许沙威在凝望塞纳河水时能听见《双城记》中卡尔登临刑前的低语——"我仿佛看到，有一天，在丑恶的无底地狱下，将会产生美丽的城市和优秀的人们来……那时候，人类真正美丽的历史写成了，人类理想的国度建立了。此刻，我将要得到的安息，是我不曾得到过的，最美好的永恒安息。"是啊，"沙威们"将得到的安息，也是他们不曾得到过的最美好的永恒安息……

有一个情节让我感触很深，就是当沙威在塞纳河畔苦苦思索的时候，马德兰先生的形象出现在他的脑海中，和那个苦役犯的面目叠加起来，变成了一个人，一个可敬的人，一个流落凡间的天使。

沙威认为冉阿让是天使，殊不知，他自己也是一个流落凡间的天使。（回头紧扣一笔，自然点题。）

点评

沙威在雨果的《悲惨世界》中肯定算不上是正面人物，作者能关注他身上固执的、非黑即白的处事原则，并深挖下去，给读者耳目一新之感。文笔清新流畅，篇幅虽长却不觉烦冗。但是，就如原文中对沙威的刻画，本身也不完全是反面人物，他是当时法兰西污浊混乱的政法体系下的牺牲品。本文将沙威比作"天使"，固然体现了他正义的一面，但却赋予太多的神性，一定程度上偏离了小说的最初动机——悲惨的人在悲惨的时代中挣扎而活，用命运与血肉塑造悲惨的神话。

确要承受的生命之重

——读《活着》有感

◆学校:海盐高级中学　◆作者:陶欣逸　◆指导老师:杜倡群

压抑与沉重,是我读罢此书的第一感受。

就好似飞机迫降,在情节的迂回起落中,我上下沉浮,但最终依旧抵不过作者的当头一棒,五体投了地,只得眼见希冀消弭殆尽。

万幸的是,老人他最后唱起了歌。(语言优美,开篇直接抒发读后感受。)

于麻木中悲悯

福贵一家活得潦倒,伏地受苦却没有出路,但凡有点希望,最后也必然破灭。苦难的洪流裹挟(用词生动,有力度。)之下,福贵对生活已然麻木了,却依旧不忍心看到妻儿受苦。这样一种隐秘而幽深的悲悯情怀,想必是我们民族历来固有的。(将个人的遭遇上升到群体与民族,以小见大。)

然而时局变换,我们近几辈人,心底就算还有些悲悯之意,也早已被冲刷得七零八落了,周围的事物很难引起我们的"共情"。而这本书用现实主义作品该有的残酷,将福贵一家的坎坷生活掷于我们跟前,迫使我们把潜藏内心的悲悯之意外露。《活着》首先告诉我们的,便是要心怀悲悯地目视世界。

何为悲悯?用原文的话来说,即"对一切事物理解之后的超然,对善与恶一视同仁,用同情的目光看待世界"。

而这,却是现下我们大多数人所急需的情怀。(最缺失的也是最有价值的,最值得关注的。)

大时代里的小人物

内战、大饥荒、"大跃进"、"文革"接踵而至，时人不胜其扰，福贵一家也不例外。家人的接连离世，对一个家庭来说，是巨大的灾难，但于那个时代而言，却无关痛痒——他们死他们的，时代兀自前行。

福贵是中国乡间的一个小人物，他是农民群体中的一个，也是一类人的缩影。他颇有些生不逢时的意味，面对至亲相继离世，他无所适从也无能为力，默然承受着来自生活与时代的双重重压。他管不着这个大时代，而时代的每一回更迭兴替，甚而每一项制度的落实，却都会影响到他这一个体。诚然，福贵这一类人，在浩渺的历史长河之中，忍耐是其惯常姿态。（显示了福贵这一人物的典型性。通过对福贵个人经历的悲悯和嗟叹，抒发了对这一类人的深沉思考，立意渐深。）

小人物为善，而大时代吃人。在这样鲜明的对比之下，更凸显出"活着"的难能可贵。时代有如广阔的土地，而此间的福贵则袒露着结实胸膛，牵着牛等待黑夜兜头罩来。

"这下可要好好活了。"他说。（引用原文穿插其中，加强了与原文的联系。）

所谓活着

"人是为活着本身而活着。"读过《活着》一书的，想必对这句话尚有些印象。然而我以为，这其中的"活着"，前一个是过程，后一个是状态，两者的意蕴实则有着本质的区别。换言之，前者是生活，而后者，是生，是活。

《活着》中，福贵以自叙的方式将自己一生的经历娓娓道来，这种特别的陈述方式，反而让这段悲惨故事镀上了一层特殊的印记——它被赋予了主人公的态度、情感与生生不息的希望。这样一来，它不再只是一段单纯的过往，更是一部怀着对亲人的不尽思念与对活着的美好希冀的血泪史。正如作者所述："外人看来是悲剧，可当事人只拿它当一段人生。"

诚然，福贵的不幸是显而易见的：他痛失至亲，还得亲手送他们入土，或许这间隙他也曾将自个儿埋了进去；他孑然苟活，牵着名唤福贵的牛在六合之间喘气，仅仅活着，便已竭尽全力。可再想想埋在村东头的有庆、凤霞、家珍、二喜、苦根，福贵又显得不那么不幸了，他至少还活着，还未踏足那可怖的阴司泉路，所以纵使这世路再如何崎岖不堪，两相对比之下，他反倒是最为有幸的那个了。有"不幸的幸存者"这一矛盾的身份傍身，福贵的经历更为令人叫绝，这个故事也给予了旁观者更为强烈的冲击感，更教人动容。(作者对于福贵的形象理解深刻，悲悯情怀流露于字里行间。)

在翻开本书之前，我从未想过会有福贵这般人，活得一生多舛，却又有力至极，也从未想过生命的悲苦与韧性能够达到这种地步。(写出了切身感触，吸引大家去读《活着》。)

生命之重，规避不得，只能拼尽了全力去承受。然而，活着又确乎是一件美好的事情，也许我们现下要早起晚睡，日复一日，踽踽独行，但只要笃定地活着，我们总会有自身态度与行为方式的自由，总会有享受生活过程时打心底里的欢愉，总归会明白活着的意义。

余华在本书的序言中这样写道："作为一个词语，'活着'在我们中国的语言里充满了力量，它的力量不是来自于喊叫，也不是来自于进攻，而是忍受，去忍受生命赋予我们的责任，去忍受现实给予我们的幸福和苦难、无聊和平庸。"

这实在是对本书最好的释义。(以余华自己的话来阐释主旨，清晰、简明。)

点 评

作者采用小标题的形式，把自己阅读的感受分为对悲悯的呼唤、关于人与时代的讨论和对活着的理解，层次与思路清晰，有创意。文章开头处直抒自己的阅读感受，结尾直接引用作者的话总结，简明清晰，不拖泥带水，恰到好处。文章的结构和布局值得借鉴。福贵是历经苦难的小人物，是时代洪流中微不足道的受难者，作者却看出了其代表的群体，唤醒了读者对"福贵"们的悲悯情怀。当生命给予我们重量时，我们确要承受，而且要将它化作生命的厚重。想必这也是作者想告诉我们的。

献给苦难者

——读《名人传》有感

◆学校:嘉兴市第一中学　◆作者:万诗祺　◆指导老师:薛　慧

我愿证明,凡是行为善良与高尚的人,定能因之而担当重任。

——贝多芬

人生是曲折的。事实上,没有人能够舒舒服服地,踏着轻快的舞步,游览风景般地走向生命的尽头而不洒下热泪。人生在世,是一次没有逗留、没有迟疑的苦难之行,而当我仔细品读《名人传》一书后,我才发现这也是一次充满希望与哲理的奋斗之旅。(先写感想,引出作品。)

孟子有云:"故天将降大任于斯人也,必先苦其心志,劳其筋骨,饿其体肤,空乏其身,行拂乱其所为,所以动心忍性,曾益其所不能。"《名人传》中展现的贝多芬、米开朗琪罗、列夫·托尔斯泰无疑都是苦难者,他们在人生困苦艰难的征途中,坚持寻求真理和正义,为创造出能表现真、善、美的不朽杰作,奉献出了毕生心血与精力。病痛的折磨、遭遇的悲惨、内心的惶恐矛盾,这三重最为致命的打击,一度让他们陷入世界的黑暗旋涡中。世人的无端羞辱、漫骂,生活的跌跌撞撞、百般失意,让他们在困境中越陷越深。然而,他们没有放弃,放弃那生的希望,放弃对真理的执着和热切。(引用孟子的"天将降大任于斯人也",总写《名人传》的三个伟人。)

贝多芬忍受着失聪之苦,拖着被病痛肆意摧残的身体,从那千疮百孔却顽强搏击的心灵百声中,辨出了天籁之乐。它使罗曼蒂克的幻想失色,它让灰暗的生命熠熠生辉,多么纯粹,多么热烈。快乐狂乱的激动中,那是让人为之一振的理性,那巨人式的令人惶恐的力。每一支交响曲都是生命和苦难碰撞的产物,见证了壮烈的悲剧,亦是史诗般的奇迹。(以上写贝多芬。)米开朗琪罗颠沛流离,除了艺术鲜少有事物能让他高兴,而他关于雕刻艺术的惊世天才让他饱受嫉妒、排挤。因为其貌不扬,又不屑于奉承阿谀,他成为不受欢迎的艺术家、饭后谈资、聚会笑柄,流言蜚语、恶意中伤伴随了他近七十年的艺术生涯,而他却在艺术作品中倾注了自己满腔悲剧性的激情,使他的艺术创作成为西方美术史上一座难以逾越的高峰。(写米开朗琪罗。)列夫·托尔斯泰出身于贵族家庭,本应荣华一生,却因不能忍受资本主义社会的黑暗罪恶,毅然决然地与之决裂。他是阴霾重重中耀眼夺目的光彩,照亮了腐朽的世界;他是一把未出鞘而气已存的宝剑,刺破了鄙俗的社会。纵使先进的思想不为人认同,他也愿意奋力尝试那救国安民的一方良药,顶着外界的压力和家族的诟病,开辟出乌托邦式的美好天地。(写托尔斯泰。)

对于作者罗曼·罗兰而言,在充斥着荒淫无耻、庸俗透顶和出卖灵魂的作品的文坛里,靠一支秃笔力挽狂澜,实属不易。但是,他凭借着"我不入地狱谁入地狱"的英雄精神,用《名人传》这一明镜,让民族的粗陋、渺小立显,打开国家封闭的窗户,送来清新的革命气息。(写《名人传》作者的伟大。)

"不经过战斗的舍弃是虚伪的,不经劫难磨炼的超脱是轻佻的,逃避现实的明哲是卑怯的;中庸,苟且,小智小慧,是我们的致命伤。"如果你身处苦难,请你细想坚持、反击后获得的巨大精神力量。让我们秉着奋斗的烛火,在漫漫人生之路上越行越远。(尾段引用《名人传》原文,同开头引用呼应。)

点 评

作者先写自己的人生感悟,再引出《名人传》的内容及作者,区别于一般的读后感写法。紧紧围绕三个伟人的苦难写,评述得当,要言不烦。开头、结尾引用作品原文,照应题目。思路清晰,语言富于表现力。

沉重与轻盈的选择

——读《不能承受的生命之轻》有感

◆学校:海宁市高级中学　◆作者:王丹琳　◆指导老师:许　维

如果时间只是一场永恒的轮回,你是否愿意踏入这万劫不复的深渊……

——题记

是被钉死在永恒上的沉重,抑或是轻飘得远离生命的轻盈?两种生命无法承受的重量,看似两个极端,却因媚俗与灵魂的砝码而联结在一起。究竟是选择重还是轻?这是米兰·昆德拉对世人的叩问。

史铁生先生曾言:"宇宙以其不息的欲望将一个歌舞炼为永恒。"这与尼采的幻想倒是有异曲同工之妙。"有朝一日,一切都将以我们经历过的方式再现。"多么美好啊!无须慨叹"无可奈何花落去",因为重来的机会"取之无禁,用之不竭"。然而,若是身负注定被无数次重演的宿命,绚烂与凄惨便都失去了存在的意义。霓裳羽衣曲会沦为夜夜笙歌,世界大战将成为保留节目。没有人会对杨贵妃的曼妙舞姿垂涎三尺,也将没有人会把悲惨死去的千万生灵铭刻在心。(联系史铁生、尼采,文章一下子有了厚度。)

一步行差踏错,便是万劫不复。

世界是否真的陷入了这样一个怪圈?(单独成段,醒目。)

换一种视角来看。如果世界像我们所认知的一样,一切事情发生的机会都只有一次,那么那些看似不可饶恕的行为似乎都有了合理的解释。也许是人的本能作祟,人们面对转瞬即逝的事物总会不自觉地怜惜和原谅。"橘黄色的落日余晖给一切都带上一丝怀旧的温情,哪怕是断头台。"百年之后,人们对希特勒疯狂行径的记忆会淡褪,残存的模糊印象仅仅来源于教科书上的黑白照片和他乌黑浓密的小胡子。有谁会指责一朵枯萎的花儿过于丑陋呢？对于"只有一次"的人生,人们总是愿意宽容。而这种"预先谅解"与"卑鄙默许",何尝不是对一个没有轮回的世界不可避免的道德沉沦的深刻揭露呢?

古人云:"不知者不罪。"无法轮回的生命亦是如此。生命是人生轨迹的草图,每次经历都会在纸上被或浓或淡地记上一笔。可这张草图注定无法成画,因为人生的轨迹在生命终结之前永远无法成形。因此米兰·昆德拉无情道出:"一次不算数,一次就是从来没有。"只能活一次,"就和根本没有活过一样"。(对轮回质问。)

其实,当我们纠结于轻与重之间的抉择时,雅科夫之死已然给出了最好的答案。他是苏联伟大领袖的儿子,可谓天之骄子;而他的母亲在他仍是襁褓中的婴儿时便被他的父亲枪杀,他自己在二战时被德军俘虏。他生于高贵,却死于一场因粪便造成的矛盾。"上帝"(斯大林一度被尊为"上帝")之子与堕落天使,高雅戏剧与粗俗遭遇,幸福与苦难,轻与重,这位斯大林的儿子以自己看似荒诞的死亡向世人证明,看似截然相反的两极竟能如此接近,令人近乎头晕目眩。

沉重与轻盈,从来只在一念之间。

两种生命无法承受之重量。在这个注定媚俗的世界,如何抉择,只关乎生命。

是用肉体去媚俗的生命,或是用灵魂去媚俗的生命?(全文文眼。)

用肉体媚俗,是微不足道的轻和难以承载的重;用灵魂媚俗,是直抵人心的重和挣脱束缚的轻。

也许这就是雅科夫在享受天堂般的特权待遇和忍受地狱般的无情唾弃之后,最终悲壮而决绝地扑向战俘营周围带高压电的铁丝网的原因。虽然媚俗已是无可摆脱的宿命,但他原本可以抱着肉体继续生存,即使是懦弱苟活。(毕竟德军不敢随意杀掉这样的人物。)斯大林儿子的身份是那样的魅惑,魅惑到让人即使身处绝境也会浮想联翩:若是父亲以军队相逼,若是幕僚以重金购赎,若是德军因畏惧而将他主动送回……无数种可能都指向雅科夫光明惬意的未来。然而他没有这样做。他选择以灵魂挣开世俗的束缚,用自己轻微的生命给人们留下心灵的沉重一击。

也许有人会问:为何这世界注定要人们去媚俗呢?(设问,引发思考。)

首先有一点必须要澄清:"媚俗"并不是个贬义词。(尽管组成这个词语的两个字总能让人产生厌恶感。)正如米兰·昆德拉所说,"媚俗"是"对生命的绝对认同"。简而言之,它认同了生命的最初本质,因此需要人们对某些引起争议的方面

做出必要的舍弃与顺从。《创世记》中提到，上帝用尘土按照自己的样子造出亚当，亚当与夏娃作为人类的始祖居住在伊甸园。那么我们自然就能推理出，要么承认粪便在伊甸园中合理存在、承认上帝也会排泄，要么承认粪便不是人们通常以为的污浊之物，两者必有一真。但对于虔诚的信徒来说，显然二者都是难以接受的。因此媚俗的存在便十分必要。它提供了一种普适的选择性忽略价值准则。

如果用媚俗的肉体作为媒介，生命本身最终只能是毫无意义的轻，而由它产生的一系列后果，却是难以承载的重。特蕾莎的母亲便是肉体媚俗的牺牲品。在她还是妙龄少女之时，九个各有优点的男人俯身跪倒在她脚下乞求她的许诺。只因媚俗于肉体之欢爱以及某人的无耻伎俩，她被迫怀着小特蕾莎选择了九个男人中最没出息的一个。在和这男人无休止的吵闹中，没有半点理想色彩的生活终于把她变成了一个没有廉耻心的粗俗女人。她把自己因丈夫不忠所受的痛苦报复在女儿身上，甚至对女儿反抗自己父亲占便宜的行为，她都会不可理喻地大发脾气。"女儿居然也要自由，敢争什么权利！"这不正是她对自己当初选择婚姻的自由被剥夺的复仇吗？她渐渐地习惯于用肉体去媚俗，习惯于抛弃青春与美丽来麻醉自己。她光着身子在窗帘大敞的家里走来走去，和隔壁的女人肆无忌惮地谈论自己荒唐的生活。她终其一生置于生命天平上的，只有自我毁灭的荒唐之举。

她以疯狂的自我毁灭，让这样的恶俗女人形象以另一种形式被迫延续。都说基因和环境共同决定生物性状，小特蕾莎继承了母亲的容貌，也被迫学会了恶俗的举止。小小的她迷茫地看着镜中的自己，拼命试图从这副与母亲相似的皮囊下看到自己独特的灵魂。出乎意料地，她竟发现了些许蛛丝马迹，以证明她与母亲的不同。可即使是这一点点微小的不同，也在母亲潜移默化影响下的自我毁灭中消亡殆尽。她深爱着丈夫托马斯，但面对痴迷于和与不同女人寻求快感的丈夫，她陷入绝望，却无法反抗。她嫉妒、痛苦，却终究抗拒不了和托马斯一起享受的欢乐。于是她逼着自己习惯丈夫身上别的女人的气味，逼着自己成为他众多女人中独一无二且最为重要的那一个——"她想把他俩化作两性人，其他女人的身体成为他俩共同的玩物。"她成了第二个特蕾莎母亲，一个只会寻求感官快乐的残酷女人。这种更为疯狂的、对自我天性的毁灭，无疑是永恒轮回中的一个节点。相似的命运无休止地重演，这便是用肉体去媚俗的沉重代价。（以上写以肉体媚俗，为下面写灵魂做对比。）

然而同为媚俗，若是以灵魂作为媒介，却有着重大而深远的意义，不仅对自己，也是对他人。如果说真善美等品质在历史车轮前行过程中形成的概念象征着美好的道德准则,那么,鼓励自己的灵魂向这种美好的标准努力靠近,就是用灵魂去媚俗。弗兰茨等人的"伟大进军"就是对此最好的例证。政治运动并非全都出于理性,对此大家心照不宣。越南军队悍然入侵柬埔寨后,一些医生、知识分子、记者、明星等一行四百七十人决定一起向柬埔寨"进军"。其中有费尽心机抢风头的美国女星,有为了拍摄惊世骇俗的照片而被地雷炸成红色粉末的摄影师,当然了,还有被莫名的情感与正义激励的弗兰茨。整个行军过程"一地鸡毛",却在柬埔寨国界线前被横亘的机枪强行阻断。无奈叹息也好,义愤填膺也好,即使他们再三宣告自己"只想提供医疗帮助",回答他们的也只有河对岸整齐的枪口散发着的阴森气息。这究竟是"伟大的进军"还是"可笑的闹剧"?然而就在此时,产生于灵魂媚俗的同情给了弗兰茨对柬埔寨人民无尽的爱,"就像是对患上了不治之症的病人产生的那种爱"。他清楚他的参与请愿并不能够拯救世界,他所能做的说穿了也不过是在演戏、在媚俗。但你知道,有时候人注定要演戏。弗兰茨心中突然有一种强烈的欲望,他想一口气冲上去,冲到越南军队的封锁线前面把这帮不通人性的狗崽子痛骂一顿,然后心满意足地死在机枪的狂扫之下。这将是灵魂媚俗的一场多么壮烈的仪式啊!即使他的尸体会在河水中腐烂,即使他会被扫成马蜂窝,即使这场表演只能持续几秒,但若是他勇敢地冲上去,至少,他能以一次完美演出的悲壮结尾告诉整个世界:"伟大进军比粪便更重。"

于己而言,他的死使灵魂摆脱束缚、变得轻盈,得到了快意恩仇的潇洒自由;而对于他人,这场惊心动魄的表演会以沉重一击惊醒千千万万个麻木不仁的灵魂。

不过很遗憾,弗兰茨并没有这样做。在这场"一个剧团向一支军队发起的战斗"中,他的灵魂最终还是选择了向肉体屈服。因此我们只能在昆德拉的小说中见到他,而非庄严的史书。

特蕾莎的母亲费力爬上了生命的天平,边上站着弗兰茨,犹豫着该投向哪一端。

永恒与瞬间,沉重与轻盈,从来只在于生命的选择。

当肉体的媚俗将你压得喘不过气,甚至将你踩在脚底之时,何不将其抛却,只以轻柔的灵魂加在天平另一端。(天平的比喻,形象具体。)

点 评

读过这篇文章,感受到作者思想深度高于一般的同龄人,作者见识不凡,思维独特,行文自如洒脱。文章紧紧扣住肉体媚俗和灵魂媚俗这对立鲜明的两种人生,抒写自己的感悟,言之有物,脉络清晰。

悦读锦囊

每日所读之书,最好分两类,一类是精熟的,一类是浏览的;因为我们一面要养成读书心细的习惯,一面要养成读书眼快的习惯。心不细则毫无所得,等于白读;眼不快则时候不够用,不能博搜资料。诸经、诸子、四史、通鉴等书,宜入精读之部,每日指定某时刻读他,读时一字不放过,读完一部才读别部,想抄录的随读随抄。另外指出一时刻,随意涉览。觉得有趣,注意细看,觉得无趣,便翻次页;遇有想抄录的,也俟读完再抄,当时勿窒其机。

——梁启超

我自是少年

——《目送》读后感

◆学校:桐乡市凤鸣高级中学　◆作者:徐费梅　◆指导老师:李浩杰

"因为无法打开,看不见沙漏里的沙究竟还有多少,也听不见那漏沙的速度有多快,但是可以百分之百确定的是,那沙漏不停地漏,不停地漏,不停地漏……"(引用原文中感受最深的一句,写出了时间的永不停息。)

总在不经意的年华,回首彼岸,发现纵然光景绵长,过往那些温暖的、破碎的、难忘的点点滴滴,在时间的沉淀下渐渐黯淡,沉寂,消失……他们说,人不能活在过去,要向前看,前方总会有意想不到的在等你。但前者却已然成了你曾目送的彼岸,回不去,过不来。(写出了人在时间面前的无奈。)

确实是这样的。

"我慢慢地、慢慢地了解到,所谓父女母子一场,只不过意味着,你和他的缘分就是今生今世不断地在目送他的背影渐行渐远。你站立在小路的这一端,看着他逐渐消失在小路转弯的地方,而且,他用背影默默告诉你:不必追。"(《目送》中最经典的一句。)

父亲的离世,母亲的衰老,儿子的远离,朋友的分离,你一直驻足在原地,看着别人渐行渐远。抬起脚,想追,可是,他们却说:不必追。你真的不追了,看着他们一个个的背影在瞳孔中缩小,缩小,然后不见,你苦笑着:怎么我总是那一个,看着别人离开的人呢?(以第二人称"你"来写,与龙应合对话。)

等来年,秋风再起的时候,你是否会看见一辆"噗噗"行驶,留下一团黑烟的小货车? 然后想起他曾经说:"女儿,爸爸觉得很对不起你,这种车子实在不是送大学教授的车子。"(龙父的话。)

你是否会看见一个普通的盒子,就想起她曾给过你一个盒子,幽幽地对你说:

"女儿,与其到时候不知道东西会流落到哪里,不如现在清清醒醒地交给你吧。"(龙母的话。)

你是否会看见一件白衬衫,就会想起当年那只在湖面上睡着的白天鹅,想起那个孩子在一旁看着你泫然欲泣,淡淡地说:"小孩!"(孩子的话。)

这些,我无从得知。只是我懂,就算想起,也仅限于想了,毕竟,充当"目送"这个角色的人,生活中可不少,我也是其中之一。(下面写作者自己的目送。)

不知道从什么时候起,小时候一手抚养我长大的奶奶只能躺在床上,也不知道为什么,我看着她的时间被定格,却也无能为力。(目送奶奶。)

不知道从什么时候起,那棵亲手栽的月季开始凋零,如今,竟已看不出它原来的模样。(目送月季。)

也不知道,秋天从什么时候起,就走远了,只留下一个清冷的冬天……(目送秋天。)

我甚至开始想念,那曾经握在手中苍凉的岁月,以及那一片灿烂的江湖和那些笑过哭过的人们。

汉霄苍茫,牵住繁华哀伤,弯眉间,命中注定,成为过往。

可是,慢慢地,默默地,我已然不是当年的模样。你知道吗?在不知不觉中,我竟然目送了曾经的自己一次又一次。(目送自己。)

突然间发现,目送别人离开,何其悲凉;目送自己蜕变,又何其高尚。

难道那些岁月覆盖的花开,一切白驹过隙都将成为空白?

别傻了。那些花开终成过往,但请不要失望,平凡是为了最美的荡气回肠。回不去的曾经,便不要回了,忘不了的目送,便不要忘了。

我自是少年,不负韶华。

点评

作者以引用《目送》开篇,接着写了《目送》的三个人物——父亲、母亲、儿子,各选择了一句典型的语言来写,很有匠心。然后写自己的几个主要"目送"——奶奶、月季、秋天、自己的成长,脉络清晰,结构合理。语言上追求唯美,有一些语句写得很妙,但也有一些语句写得过于刻意,影响了文章的表现力。

爱与信念的力量

——《摆渡人》读后感

◆学校:海宁市高级中学　◆作者:徐舒窈　◆指导老师:黄新英

　　摆渡人,是灵魂的引路人,是指引迷失的灵魂去往一处安息的那束光。小说主人公的灵魂在摆渡人的帮助下,战胜种种险境穿越荒原,成功抵达安全的边界。都说破除困难之后会是光明,那么如果这个光明在你看来并不是在历经艰难险阻后的前方,而是在身后走过的路上呢? 你会为了追求退回去,会重新去经历一次也许比来时更为凶险的路途吗?(通过设问引发读者思考,同时也为下文迪伦的选择做铺垫。)

　　书中的女主角,迪伦,她会。

　　车祸后,她的灵魂迷迷糊糊遇见了她的摆渡人崔斯坦,而在迷迷糊糊中,他成了指引她前行的光。当她的灵魂在摆渡人的陪伴和护佑下终于到达荒原的分界,到达那个所谓的终点时,当她受她的摆渡人崔斯坦的鼓舞,踏过了那条界线,到达了他所不能去的地方,那个天堂般的存在的时候——崔斯坦也随之消失,无声无息无影无踪。这时她的世界却是黑了,她窒了呼吸,痛了心,没了魂,(几个短句,加快了节奏,表现了一层深一层的苦痛。)迎接她的实际是另一片荒原。

　　在穿越荒原的过程中,爱已经悄然播下了种子。(单独成段,揭示原因。)

　　现在,这就将"完全、彻底、永恒地孤独下去"吗?

　　是爱,忽地抹去了她的恐惧。怕什么呢? 已经死过一次了,怎么不能为自己搏一次,或者说,和规则搏一次? 于是,迪伦不顾一切,重返荒原,走向没有人触及过的未知,向后退,原路返回,逆流而上。

　　"她暗自发誓,这一次她绝不会再受恐惧心理的摆布,这一次一定要找到他。"

　　逃避不能解决的,只有面对。恶魔,是荒原的可怖之处,但这个时候,迪伦不

害怕它们,是不能害怕它们,现在,哪容得下恐惧?在踏出那扇门的时候,在她决心要返回的时候,她就做好了粉身碎骨的准备。她只想着,找到他!找到他!找到他!(反复,使情感达到高潮。)

在那黑乎乎的冰冷的河水里,她想着,不能死在这,他等着她,未来等着她!(心理描写,写出了打破规则的束缚,听从内心呼唤后的呐喊。)于是她反击着,勇敢而艰难地摆脱了恶魔们。当她找到他时,终于可以一展笑颜。看吧,她做到了,在没有摆渡人的庇护下,躲开恶魔,她也可以凭自己的力量,找到他,找到爱。("看吧"这样的呼告,热切地表达了小作者对迪伦的赞美。)

在这荒原里,他们渐渐萌发的感情,温暖着周围的空间,也让崔斯坦,这个有着冰蓝色眼眸的摆渡人,发现了自己的心。那种长久以来浑浑噩噩做着渡人灵魂的工作,不知道自己是什么,也没有对未来的期望的日子,发生了变化。对崔斯坦来说,迪伦也是他的光,是那抹绝无仅有的、执着的、坚强的、可爱的光。是的,对他而言,也许爱上她不是最重要的,而是他突破了自我,终于也学像她那样,听从内心坚定的呼唤,可以为了追求付出全部,去搏击一把,去叩问未知的世间。即使踏入人世间,他面对的也许是虚无,他也已经无所畏惧!(通过文中崔斯坦前后的变化,从另一个角度写出了迪伦的坚持对他的影响。)

接下来,他们要做的,是回头向来处进发。既然可以为了追求奋不顾身,那么又何惧眼前的未知?因为信任,因为向往,因为互相的爱,他们出发。

屏住呼吸,他们要回去,回到人间去。

迪伦最后松了手,让我的心猛地一揪,失败了?怎么会?不该啊。(也抓住了读者的心。)或许是作者有意,要在这最重要的关头抓紧你的心,让你读到这里的时候,心情和迪伦一样忐忑不安。但是,幸好,幸好她望见了他淡茶色的头发,幸好她没有因为自己的松手而弄丢了他。

他们成功了,似是一场以生命为赌注的赌博,幸运的是,他们最后成了赢家。

合上书的那一瞬,久久回荡在我耳边的只有他们最后的那两句话:

"原来你在这里。"

"我在这里。"

我在这里,我在,我们成功了,我们没事,一切都将变好。

这是所有困难之后的光明,对迪伦来说,这才是光明。这是拼搏之后的光明,对崔斯坦来说,他终于得到了这抹光亮。

"当我们直面生存时,死亡和爱,哪一个会是最终的选择?如果生命进入再次的轮回,你又愿意为此付出怎样的代价?"(再次对生存、死亡和爱进行设问,把读者拉入文本。)

读完这个关于爱与信念、执着与勇敢的故事后,我久久不能平静。任何一个人都是一座潜力无限的火山,关键是有没有让他喷发的契机和力量,爱可以是契机,信念可以是力量。(点题。)当这两者结合在一起的时候,产生的力量是如此强大,如此令人震撼。我为他俩的义无反顾而折服,为美好的结局而庆幸。主人公那种逆流而上,为未知的未来勇敢搏击和尝试的勇气,可敬可学。愿我们都拥有强大的内心和坚韧的毅力,可以为爱、为自由、为人生的所有理想和目标去付出,"既然选择了,便只顾风雨兼程",相信春暖花开总会在荆棘丛生之后的季节里,如期而至。

点 评

作者娓娓道来,将故事情节完整地展现在我们面前。对女主人公的赞美贯穿全文,在文末对主题进行升华。作为读后感,如果能多一些论述与感悟,少一些作品内容的介绍,文章会更具可读性。

信仰正能量

——读《习近平讲故事》有感

◆ 学校:嘉兴市秀州中学　　◆ 作者:杨惠杰　　◆ 指导老师:李海宁

厚厚一本书,满满正能量。

习近平总书记是一位讲故事的大家。廉政故事,让我们学会为人;品格故事,教我们修身做人;励志故事,让我们砺以致刃;治理故事,让我们实在为人。一则"四知拒金"的故事,传达世人要"廉";一则"滴水石穿"的故事,喻之于人的,是一种"前仆后继,勇于挑战"的执拗;一则"治学三境界"的箴言,鼓励世人勤、思、进、用;一则"地瓜理论",让我们主动"走出去""改自身"。(列举了习近平总书记讲的故事给世人启示的例子,句式整齐,读来铿锵有力。)

"天行健,君子以自强不息。"我们身为学生,心中牢记习近平总书记的话,不断提升自我,积极弘扬书中精神,怀揣信仰,做一个自己人生故事的主讲人。

迈入高三,我认为我们最需学会的知识,是反思。习近平总书记说过"学习与思考,勤学与善思是相互联系,相辅相成的"。是啊!能看到多远的过去,就能抵达多远的未来。有了升入高三的压力,再看到自己先前的足迹,我们要学会反思。不应不知不觉,更应"学而有思"!

"18世纪以前,知识更新速度为90年左右翻一番;20世纪90年代以来,知识更新加速到3至5年翻一番。近50年来,人类社会创造的知识比过去3000年的总和还要多。"看到这些数据,我不禁感叹,别人创造知识的速度也许比学习知识的速度还快。竞争不容我们怠慢学习,誓言不许我们只顾嬉戏,"跟上时代",赢得主动,赢得未来!我们决心要向习近平总书记口中的"蓄电池"前进。心中誓言不灭,给自己充电!抓住信仰,共同进步!(通过习近平总书记有关"蓄电池"的讲话说明了当今时代是一个知识更新速度极快的时代,作为高中生,更需要通过勤学善思跟上时代的步伐。）

提升自我，充电从身体素质开始！身体是革命的本钱，没有本钱如何翻盘呢？一份实践，胜过一打道理。唯有"笃行之"方可成就梦。习近平总书记讲述过"革命的青春"，毛泽东等人荡气回肠的奋斗青春，激励了当代青年争做"生力军和突击队"，放飞青春，激扬奋斗。新学期一开始，我和几个同学每天用20分钟来跑步。增强体质的同时，我们也在磨炼意志。每当我们犹豫甚至想要放弃时，就用理想和誓言来激励自己。学校的跑道，可谓亲切；迎风招展的红旗，早已熟悉；还有那弯道处每每为我们遮阳的歪脖子树，令我们释怀。跑步成了我们的生活的一部分，跑步亦为我们不间断地充电。（此段突出了身体素质和坚强意志在奋斗道路上的重要作用。）

进取路上少不了上进心！我认为，要摆脱碌碌无为的状态，首先要有上进心，高三了，12年长征也快要见分晓，我们的心态要变，改变躲避难事的态度，去积极进取。有了这个态度，才能"把电充进去"。这个学期，每天早晨一到六点半，所有在校住宿的同学都已在教室背书复习，专注的眼神，挺拔的坐姿，足以彰显我们的决心和信仰。另外，我们还积极参加一些竞赛活动来积累自身的经验，比如学校举行的诗会、"红船精神"征文竞赛、化学模型竞赛等，也积极向报社投稿。我们摆脱了那个懒惰的自己，摆脱了家长口中那个不愿展现自我的自己。我们愿努力上进！愿为争取学习上的胜利而不断进取！（通过前几段的铺垫，此段联系实际，表达在高考来临之际锐意进取的精神。）

改革，还包括整个民族学习态度上的转变。21世纪是知识的时代，我们再没有理由坦然地坐着。这学期我们不再是为了做作业而做作业，因为实践是认识的来源。在写作业的同时，我们不再讲求速度，面对一些问题，力求把它搞懂，我们的书上不再只有画线部分，而是认真地把易错点记下来。记下来的教训才会错得有价值。我们不懂就及时翻书，翻书成了我们的习惯。而且我们会一起分享书中的经验，共同进步。避免步入"知识半衰期"，一点一滴靠积累，平时不放松，高考往前冲。争取不让自己白做每一道题！不让自己浪费每一份经历！

在这段时间，我也舍弃了很多东西，我改变了高一时渴望搞好社交的心态，抛弃了之前"放风筝"般的行为，把心思更多地放到学习与道德践行上。

习近平总书记说过："廉不言贫，勤不言苦；尊其所闻，行其所知。"滴水穿石，是信仰的力量。我们在跟上时代的同时，不能光像牛一样地劳动，更要抬头看路。不管新办法、老办法，硬办法、软办法，管用的适合我们的就是好办法。我们

的一生需要不间断地充电,实践贵在坚持。运动是绝对的,静止是相对的。我们的一生,需要"绝对"！习近平总书记说:"小康不小康,关键靠老乡。"我认为,优秀不优秀,关键靠自己！不忘信仰,在我们的青春中闯出一番革命业绩,我们就能成为人生故事的主讲人！(努力要有门道,不能只是埋头学习,同时作者也指出命运掌握在自己手里,唯有自己才是自己的上帝。)

好书受益终生,值得一读再读。接下来,我还要把书推荐给身边的同学,一起传递正能量！

就在建军节前,我向居委会申请,和小学同学一起为社区出了一期主题为"八一"建军节的黑板报,板报上画着一面鲜红的"八一"军旗,精神抖擞的中国军人,还有举手致敬的中国人民。一个个端正还带着笔锋的汉字,一句句朴实而又真诚的话语,赞扬着中国军人,鼓励人们向他们学习。不敢说是好看的一期黑板报,但绝对是用心的一期黑板报。我把心意蕴在画中,真诚作画,也并没有署名。此外,我积极向同学们传播书中的正能量,把优秀的精神传递给更多人。与此同时,我们一起学习,一起进步,这样还可以互相"择其善从之",互相"改其过",努力践行为人民服务的理想。

有了同学的支持,我也更有动力。我们愿修我心！我们愿治我身！这就是信仰的力量,信仰正能量！(三个感叹句足以彰显作者的雄心壮志,足以号召人们信仰正能量！)

恰同学少年,续革命华章！

点 评

全文将书中习近平总书记的话语融入自己的生活并传递了时代正能量。作者不断用行动来证实习近平总书记言语的精准性。语言具有感染力和号召力,激荡了读者的胸怀。文章联系现实的内容较多,但读来略显稚嫩,有些语句可精练些。

摆　渡

——读《摆渡人》有感

◆学校:嘉兴一中实验学校　◆作者:杨晰超　◆指导老师:周建良

　　身处各种文化内的人类对于死后的事情都非常好奇,于是中国就有地府和天庭的说法,而其他的地域文化创造了天堂和造物主,因此很多作品充满了神秘色彩。而《摆渡人》无疑就是一本这样的书,让读者感受到作者的精神世界。

　　《摆渡人》是英国作家克莱尔·麦克福尔创作的一部治愈类的小说,主要讲述了两个孩子的故事。书中的小女孩是一个可怜又自卑的人,在去见父亲的列车上遭遇了不幸,而她是唯一没有生还的人。随后她到达了另一个世界,看到一个带领她的灵魂到另一个世界的摆渡人。在随后的情节中,摆渡人带着小女孩翻山越岭,帮助她一次次地脱险,慢慢地,这个情窦初开的少女喜欢上了摆渡人。然而,她的关心和爱也使得摆渡人藏在内心深处的情感被唤醒了。他们都因为爱而改变,因为真情而得到重生。最终,小女孩变得坚强,摆渡人改变了对生命的看法。当他们勇敢并坚定地选择在一起时,上帝使他们都成为有血有肉的人,整个故事以美好的扭转结尾。(表达过于口语化,缺少张力。情节的回顾需和整体融合。)

　　"摆渡人"即为你灵魂寻找方向的人。生活中,你身边的摆渡人也不少。父母、老师、朋友都是你成长路上的摆渡人。在你小的时候,你很天真无知,你的父亲母亲都是你的摆渡人,他们照顾你、帮助你、指引你,使你的人生有一个正确的方向。当然,他们也会培养你、成就你,让你能在今后的人生路上走得更远。随着你们的成长,他们也会老去,而接过他们的接力棒的是你的真心的朋友。当你处在人生低谷或误入歧途时,你的朋友会鼓励你,或将你扯回正道。

　　在成长路上有很多的坎坷和诱惑,就如同书中的那些恶魔一般。(此处与作品结合。)只要你努力,坚持自我,你就能胜利,你就能到达终点,反之,只能被拉下深

渊,离自己的理想越来越远。没有谁的人生会是一帆风顺的,但是坎坷和挫折又何尝不是你的摆渡人呢?生活中有的人能踏过泥泞的路,看到彩虹,而有的人却不能跟随摆渡人的指引,一经碰壁就自暴自弃,人生也变得昏暗,在污泥中越陷越深。(把生活中的种种摆渡人做了阐述,让文本有了一定的宽度。)

文中摆渡人这个职业令我非常动容。他将那些灵魂带出荒原后,不是随着灵魂去天堂享受而是等待帮助下一个灵魂,这种奉献精神也像如今社会中的劳动人民,他们默默地为城市的发展而服务着。比如清洁工被称作"叫醒这座城市的人",他们为城市的洁净而奋斗着,他们的一滴滴汗水铸成了我们美丽的城市,对城市来说,摆渡人也是不可缺少的。(虽有关联,但显牵强。)

其实,你身边有很多摆渡人,只是你没有发现罢了。

看了《摆渡人》这本书之后,内心会受到一定程度的净化和洗礼,会发现人世间真诚的重要和真情的闪耀。如果命运是一条孤独的河流,谁会是你的灵魂摆渡人呢?而你又能成为谁的摆渡人呢?(最后的追问有深意,引人思考。)

点 评

能结合自身生活进行思索,有亲切感。但语言表达上有些粗糙。言之无文,行而不远。希望小作者能以此为诫,加强表达训练。

锁梦连连困于城，进退受制城中人

——读《围城》有感

◆ 学校：嘉兴外国语学校　　◆ 作者：姚晗艳　　◆ 指导老师：鲍一鲲

　　幼时最喜溅水花，大水花溅起新水花，新水花又溅起小水花，反反复复，重叠又包围，涟漪万象，尽收各态……有一群懵懂好奇的人，怀揣新鲜感闯入了如水花四溅的围城，被层层压制，出口便是新入口。他们如同这不断翻腾的水花，到最后精疲力竭一场空。（开篇新颖，场景的营造切合《围城》主旨。）

　　初回国的方鸿渐，直接蹦入（"蹦入"一词体现方先生形象之鲜活。）鲍小姐的城。事后，却看人脸色怯懦地离开了城。他又以玩世不恭的心态，"幸运"地入了苏文纨的城。他步步谨慎，小心翼翼地想维护和大家闺秀唐晓芙的关系。自以为入了唐小姐的城，却不知自己一直深陷于苏文纨的城。他的优柔寡断、不谙世事进一步成就了苏文纨的矜持自负与自作多情。故事最后闹得三人不快的结局。可是一直被苦苦拒于城外的赵辛楣，更是想不到苏文纨的自负，致使她进入了满肚不老实心思的诗人曹元朗的城。（一个人便是一座"城"，此等构思，让人惊叹！）等待苏文纨的是成日的追慕名利，让她最后从一个自以为高贵的诗人大小姐变为一个庸俗的妇人。鸿渐则一再告诫自己，不可再触碰这一座爱情城。赵辛楣在去三闾大学的船上和鸿渐调侃时，一再决定不可被"城"所困。正如苏文纨所说："围在城里的人想逃出来，城外的人想冲进去，对婚姻也罢，职业也罢，人生的愿望大都如此。"爱情便是婚姻城的入口，一进不得出。鸿渐，却一不小心被孙柔嘉摆布，迈出走向婚姻城的第一步。从此，鸿渐进退两难，听从妻子被动行事，丢了颜面、丢了亲情、丢了自我。（三个"丢了"，写尽了鸿渐的可悲。）更可笑的是，鸿渐再次遇到了苏小姐，而他身边是他的妻子孙柔嘉。身为人妇的文纨没有半点人妻的样子，和赵辛楣各种调情的同时还处处侮辱鸿渐及他的妻子。

这一座爱情的城，弄得人心惶惶。鸿渐也日日与柔嘉争吵，以致最后没了家。孙柔嘉翩翩小姐的面具早已被撕毁，这个城早已不是她的了。婚姻的城啊，陷人于苦海，谁都说不清谁的城更大。有一点是很清楚的，你入了城，便再无出口，只有另一个城的入口罢了。一切都只是表象，让人眼花缭乱，令人痴迷。又还有多少人，还盲目地想要入城，触碰这遥不可及的梦？

三闾大学的教授梦，也并非真的是教授们梦寐以求的。(总起句，引出下文各位教授的丑态。)同是伪造学历，韩学愈却招摇撞骗，陷害方鸿渐，稳固了自己的伪职业梦。满口仁义的李梅亭，却是心怀男娼女盗的半旧遗老，并且私自贩卖西药。最道貌岸然的高松年，竟是如此一个好面子、爱名利的伪君子，迷于牌场酒局。三闾大学的每个人，都名声显赫，但个个心怀鬼胎，自以为是，背地里遮遮掩掩过日子，丑事埋于勾当之中。鸿渐与他们相比，又是那么一个无心机的人，被困在职业城里，受制于那些伪君。赵辛楣拥有较多的真本事，因为一个汪太太名声不保，结果只能狼狈地逃离。书中所谓的"新文学"，所谓的出类拔萃，不过是另一种社会的乌烟瘴气罢了。深刻的讽刺，更(一个"更"字，加深了认识的深度。)体现在一个"导师制"上。对师生同桌吃饭等一系列行为的规定，极大地将李梅亭固守腐朽的封建思想展现出来。在一个处处戴着面具的大学里，能有什么出路？方、孙、赵三人跌跌撞撞地逃离了三闾大学这座职业的城。这种职场相当于围起来的城，并不只是那些伪君子，更是携带家眷一起，收揽那些趋炎附势的小人物，譬如顾尔谦、陆子潇。这座城啊，败给了书中所谓的"新文学"、腐败的人和腐败的文学。(以喟叹作结，饱含痛惜之情。)

若没有苏文纨的捣乱，鸿渐与大家闺秀唐晓芙在一起了，是否又那么幸福圆满呢？(此问巧妙。)不！看似单纯无暇的唐小姐，其实也在背地里与表姐使各种小动作，周旋于人群。婚后的她，必与柔嘉一样，撕毁"善良"的面具，婚前完美无缺的她，婚后也会将丑陋的人心展现出来。正如鸿渐的挂名岳母说的一样，"糖小姐酥小姐"，无非是个空名号，外表甜美，深陷其城后，其本性便展现出来。(层层深挖之后，人设崩塌。)因为，这是围城。这就是人生。纯粹的梦想支离破碎，不屑一提。人生，终还是被城中各人算计着。这一生，就是围城。婚姻，事业，一生，无非就是囚笼里的金丝雀，迷人无数，苦于一生。人们往返挣扎，却如这反反复复的涟漪，还是精疲力竭而陷。

受制于人，梦碎于城。围城，终是逃不掉。

点 评

《围城》是一部很有意思的小说,故事主要写抗战初期知识分子的群相,批判人性与文化,手法上幽默,精神内涵深刻。本文就是立足于"批判人性"的主旨,通过层层深入的剖析,把人物背后的"丑陋"一一揭露。小作者以"受制于人,梦碎于城"构思全文,主体部分剖析书中人物的个性与道德上的弱点,揭示了他们的精神困境,也在不知不觉中让我们去反思自身。

悦读锦囊

或许,要最快了解一个小说家在做什么,不是去读书,而是去写。你要亲自试验,挑战文字的艰难险阻。回忆一些事情,它们在你的脑海中留下了与众不同的印象——比如当你经过街角的时候,两个路人正在交谈。一棵大树在摇晃,街灯忽明忽暗,他们的语气悲喜交加。整一个场景,所有的设想,都凝固在那个瞬间。可是当你想要用文字来重构这一幕时,你会发现它碎成了一千个相互矛盾的片段。阅读一本小说是困难而复杂的艺术。如果想要充分把握那位小说家——伟大的艺术家——带给你的一切,你不但要有细致入微的洞察力,还要有无所畏惧的想象力。

——伍尔芙

愿你我一同笑看戏剧人生
——读《病隙碎笔》有感

◆学校:北京师范大学嘉兴南湖高级中学　◆作者:赵玲欢　◆指导老师:李新华

　　史铁生《病隙碎笔》的开篇这样写道:"所谓命运,就是说,这一出'人间戏剧'需要各种各样的角色,你只能是其中之一,不可以随意调动。"

　　合上书本,仔细想想,我也有这样的困境,也有同样的感触。我过去常常有很多事情都不能如意,有外在的与内在的原因。痛苦源自对生活现状的不满意,和自身能力有限的无力感。我也常常抱怨:为什么我不能像有的人那样拥有好运气,拥有优越的生活条件,拥有富足的物质生活和快乐的精神生活?看完这本书,我突然发现我很狭隘。我的着眼点仅在自己身上。我们不过是这宏大而有序的世界中的一小部分,如同浩渺宇宙中的一粒尘埃,微不足道。这世间百态,如同无数个正在上演的戏剧,有悲欢离合,也有酸甜苦辣。这又回到了开头中的那句话,每个角色都是戏剧的一部分,每一个人都平平淡淡,毫无情节转折的话,整出戏剧都不好看了。这也就是为什么有的人天生好命,有的人却命途多舛的原因。

　　有了这样的理解,我豁然开朗,其实我的困境和不顺只是一种磨炼。因此应抛却怨天尤人的情绪,真正从中获得一些会让自己振作起来甚至闪光的力量源泉。相对于那些更不幸的、更痛苦的人来说,自己的生活或许就像他们所期待的那样。戏剧人生,有悲有喜。有悲,方能显出喜的珍贵。

　　戏剧人生,往往也充满着不确定性。世事无常,今日你春风得意,明日你保不齐跌落谷底。书中史铁生在二十冒头的年纪突然双腿瘫痪,在他还深陷无法行走的痛苦之中时,又生出褥疮,连端坐着也做不到了,后来又患上尿毒症,连意志也常常不能清醒。史铁生的一生除却少年时光,其余都与疾病为伴。他是不幸的,可这不幸的缘由与他无关,是上天的安排。可他又是幸运的,因为他最终看透了这一点,生活不过是一场戏剧,谁也不知道下一刻会发生什么。("不幸"与"幸运"形成对照,好的。)在当下,我们所能做的,绝不是被挫折打倒,而是享受,露出谁也不能阻挡的笑容。

其实,我们每一个人的人生何尝不是如此呢?上帝关上一扇门的同时,也给你打开一扇窗户。我们应该像史铁生那样直面人生不幸、坎坷甚至残酷的打击,正视人生这出戏剧或悲或喜的剧情,笑看本就充满戏剧色彩的人生!

史铁生的《病隙碎笔》给我的感触和启发还有很多,还需我慢慢咀嚼、细细体味,但有一点我现在就可以努力做到:在今后的人生路上,对别人付出,不企求别人的回馈,做每一件事情的时候,纯粹为了做成这件事,不去乞求能够得到什么样的回报,不向命运讨要好运,只需笑看戏剧人生,扮演好剧中的角色!

点 评

作者开篇引用《病隙碎笔》原文,先声夺人;再写自己的感悟,紧扣题目;下面行文联系自身和社会现象,铺开笔墨。行文连贯一体,感情饱满。瑜有微瑕,语言上可以再精练简洁一些。

名叫福贵

——读《活着》有感

◆ 学校:嘉兴市第一中学　　◆ 作者:赵瑞仪　　◆ 指导老师:朱瑜冬

　　我从未想到有人还能用"活着"这般寻常又普遍的事情做文章,抱着这样的疑惑,我翻开了余华的《活着》,翻开了这本连封面都是纯黑的,只剩下"活着"两个单薄的白字在中央挣扎着的《活着》。("单薄""挣扎"这样的字眼似乎有深意,引发读者阅读的兴趣。)

　　故事的主人公福贵在我眼里甚至都不能被冠以主人公的名号。因为我认为大多数小说主人公都是善始善终,就算中途有艰难坎坷起码也会落得一个圆满的结局,这样才能使读者心满意足——但福贵偏偏不是。(比较显出独特。)

　　福贵从前可是一个骄纵的少爷,赌博输光家中财物后一贫如洗,为母亲求医途中被抓去当壮丁,回家发现母亲早已过世;妻子一人带大儿女,女儿却变成了哑巴;后来妻子患了软骨病,医院为救县长夫人而活活地将福贵的有相同血型的儿子抽血致死;女儿生孩子因大出血而死亡,女婿因工地事故被石板夹死;妻子受不了如此折磨也死于病痛,最后福贵心疼挨饿的孩子便给外孙苦根煮豆吃,不料苦根却因吃豆子撑死……时代的苦难无情地打击着他。他的人生和家庭不断经受着践踏。(理性的陈述背后是无法想象的悲痛。)

　　我表达能力有限,无法像余华一样写出这样一份悲凄。这份凄惨不会让人心中热流涌动然后眼泪夺眶而出,只会让人深深沉溺于福贵的绝望之海,负隅抵抗却无从逃脱。福贵和亲人们之间的一幕幕生命里难得的温情,被一次次死亡夺走并且撕扯得粉碎……我不禁开始疑惑甚至对余华先生有些愤怒,如果只是单纯控诉生活的黑暗完全没必要给主角取"福贵"这一名字,这是不是赤裸裸的嘲讽,还是他的唯一意图就是强行塑造这么一个悲情的人物?(是啊,为什么还叫福贵,

"福"在何处?"贵"在何方?)

可事情仿佛不像我想象的那样。当我第二次翻开这本书时,注意到了从前被自己所忽略的短小的一个结尾。故事的最后,福贵停止了讲述,和一头老牛在阳光下继续耕作。我愣神,为什么福贵能好好地活着,并且敢于回忆自己凄苦的过去? 前者或许是命运的安排,但后者让我明白,他接受了活着的意义。母亲、妻子和儿女接连逝去,使他一次次送走自己所爱的人。妻子因儿女的逝去伤心欲绝,但福贵从未被生活压垮,直到最后他也在认认真真地放牛,踏踏实实地生活。他并非没有感情,他只是比别人都要懂得,活着本身就是一种幸运。(活着,是为什么而活? 福贵一生悲楚,却不抱怨,只是懂得:活着本身就是一种幸运。这样的论述带着生的沉重与希冀。)

书中的序言有一句话触动了我——"人是为活着本身而活着的,而不是为了活着之外的任何事物所活着。"正因为福贵屡次目睹亲人的死亡,才知道人一旦死了就真的什么都没了。他的亲人都已逝去,他的泪水和绝望也早已干涸,最后他的人生中所剩下的,也仅有这头老牛和他心中无限的坦然。他和苦难和解,和生活和解,和自己和解,他愿意将他的经历作为故事讲出,而不是逃避或者永远沉浸在悲痛之中。当读者在为他的经历而哀伤落泪,唏嘘不已时,福贵只会牵着他的老牛,重新踏上耕作的路途,在平淡的余生中越走越远。(是一个可怜的人,也是一个可敬的人。)

罗曼·罗兰说过一句话,意思和余华不谋而合,"世上只有一种英雄主义,就是在认清生活真相之后依然热爱生活"。(引用恰当。)作者笔下的福贵正是如此,无福也无贵,但对于"活着"来说,确实达到了福且贵。我所面对的困难和他比起来完全不算是困难,而我所能做的,也只有像他一样永不停歇地保持生存的态度,一颗感恩苍天与生活、不断进取的心。

我合上书,知道了荣华富贵也并不是那样重要,眼前的艰难困苦也根本不需要规避,只因为我在体验我的生命。生活正是帮我打开真理之门的钥匙。黑色封面中潇洒的"活着"二字也不再显得狰狞,而是平静地躺在中央,却透露出不可侵犯的力量。(回头紧扣开篇,在对比中体现精神上的升华,简洁有力。)

点评

本文原题叫《福贵》，现改为《名叫福贵》，更加精准。通过"福贵"这样一个吉祥的名字与他一生悲惨的命运做对比，再与结尾福贵与老牛共同耕耘的画面相连，挖掘出了这个时代中普通人身上的人性光辉——为活着而活着，不屈从于生活，不溺毙于苦难，以一颗释然之心面对生活。全文语言流畅，情感自然真切。

悦读锦囊

我们没有如来佛的慧眼，把人世间几千年积累的智慧一览无余，只好时刻记住庄子"生也有涯而知也无涯"的名言。我们只是朝生暮死的虫（还不是孙大圣毫毛变成的虫儿），钻入书中世界，这边爬爬，那边停停，有时遇到心仪的人，听到惬意的话，或者对心上悬挂的问题偶有所得，就好比开了心窍，乐以忘言。

——杨　绛

触动内心最柔软的地方

——《目送》读后感

◆学校:海宁市职业高级中学　◆作者:朱晓霞　◆指导老师:费艳丽

　　"我慢慢地、慢慢地了解到,所谓父女母子一场,只不过意味着,你和他的缘分就是今生今世不断地在目送他的背影渐行渐远。你站在小路的这一端,看着他逐渐消失在小路转弯的地方,而且,他用背影默默地告诉你:不必追。"这是我最初读到《目送》时印象最深的一段话,这段话让我湿了眼眶,让我产生了想把整本书看完的念头。

　　《目送》是一本情感散文集,龙应台从孩子写到父母,从痛苦讲到幸福,在我看来这是一本五味杂陈的书。佛曰:"人生三大悲:怨憎会、爱别离、求不得。"(引用恰到好处。)在这本书中,这些我都读到了。明明是最简单的话语,却透露着最感人肺腑的情义。

　　要说《目送》里我最喜欢的一篇,还是第一篇。最初,孩子目送母亲离开。谁没有这般经历呢? 读到这里时,我便想起了我的童年时光。第一次上幼儿园,所有的孩子都在号啕大哭,好似他们的父母不会再回来一般。唯独我,安安静静地坐在小椅子上,不哭不闹,望着母亲远去的背影。伤感是难免的,但是我得告诉自己,我不能哭,不能给妈妈带去麻烦,不然她要是不喜欢自己了怎么办? 巧的是,文中的小华安也是如此的乖巧。我不知道他是否与我想的一般无二,但是我觉得总归是有相似之处的吧。最后,母亲目送孩子离开。虽然我从不曾经历,但是再过一年,我也要离开家去上大学了。到时,妈妈的心情应该也像龙应台目送华安离开时一样,既希望他有朝一日能够飞黄腾达,又希望他可以承欢膝下,常伴在自己的左右吧。

　　人的一生中,孩子是自己看着长大的,而陪伴自己一起成长的是谁呢? 我想

起了《共老》这篇里的温情话语。"所谓兄弟,就是家常日子平淡过,各自有各自的工作和生活,各自做各自的抉择和承受。我们聚首,通常不是为了彼此,而是为了父亲或母亲。聚首时即使促膝而坐,也不必然会谈心。即使谈心,也不必然有所企图——自己的抉择,只有自己能承受,在我们这个年龄,已经了然在心。"看到这里,不禁想起了我家姐姐的出嫁。刚开始,爸妈一直不同意姐姐嫁到远方,距离有多远,心中就有多不舍。妈妈说:"你到时候可真的就没空回来了,想见你一面都难。"姐姐说:"不会的,现在交通这么发达,我几乎每个月都可以回来。"事实还是被妈妈言中了。姐姐回来的次数从两周一次逐渐变为一个月一次、几个月一次。如今,她一年回来的次数屈指可数,她说过的话早已不作数了。但好在我们之间的情义就如文中那两棵树一般。"虽然隔开三十米,但是同树同根,日开夜合,看同一场雨直直落地,与树雨共老,挺好的。"兄弟姐妹永远是兄弟姐妹,相距多几千米,思念就多几分。

而正在养自己长大的又是那个最重要的人,孩子的成长最离不开的也是那个人,那就是每个人人生中的第一个老师——母亲。

记得《胭脂》中的母亲已经不太记得清人了,但是,龙应台打电话问母亲还记不记得她是谁时,母亲却说:"我不知道你是什么人,可是我知道你是我喜欢的人。"看到这句话,真是让人忍不住想笑。母亲到底是母亲,说出来的话永远这么暖心。龙应台为她母亲梳妆打扮,让我不由得想起自己的妈妈。她是一个很朴素的人,说她不爱漂亮吧,也不是,她只是舍不得花钱打扮罢了。所以啊,其实天底下的妈妈都是一样的,希望自己的子女好就够了。

读过《目送》这本书,我感同身受,所有的悲欢离合好似自己经历过一般。父母目送我去上大学的时刻也即将到来。在这里,我只想说,不必追,等我回来。

点评

本文情感真切,从《目送》中自己喜欢的文章写起,联系实际生活,将自己与父母、姐姐间的情感娓娓道来,表达虽有些稚嫩,但不失为一篇真诚的读后感。

若为自由故

◆学校:嘉兴市第一中学　◆作者:朱怡婧　◆指导老师:朱仿泉

那是两年前学校的好书推荐会上,班级里一个同学介绍了《肖申克的救赎》这本书,只是直至今日我才有幸拜读"惊悚题材永远的王者"史蒂芬·金的这部大作。依然记得那个同学介绍此书的开场白便是裴多菲的名言:"生命诚可贵,爱情价更高;若为自由故,两者皆可抛。"（简述缘由。）

读这部作品之前,单纯如我还一直以为"肖申克"是个人名,故事不过是关于这个人经历许多事以后,灵魂得到了升华,诸如此类。然而我大错特错了,"肖申克"是一所监狱的名称,而且这故事也并不是讲一次伟大的灵魂升华经历,可以说恰恰相反,这是一个平凡人努力追求公正与自由的故事。只不过,这个追求的方式真让人惊心动魄,是让读者们想都不敢想的——越狱。（由读前猜测写到读后的震惊,写出了阅读心理过程。）

没错,这就是越狱的故事。我要佩服的不是这本书跌宕起伏的情节设置,也不是主人公安迪那二十六年如一日的努力,甚至也不是他那神机妙算、找到近路的智慧,而是他为了自由,竟能保持沉着冷静而不乱阵脚。（连用三个"不是",突出"而是",有力度。）

安迪曾是一个银行家,他个子不高,身体也不强壮,话还不多,初进监狱的时候甚至天天遭人欺负——哦,真是一个一眼看去不讨喜的角色。而故事的叙述者"我"却是一个传奇人物,书中这样写:"我猜美国每个州立监狱和联邦监狱里,都有像我这样一号人物,不论什么东西,我都能为你弄到手……只要在合理范围内,我是有求必应。"瞧吧,这个人物显然更引人注目,不是吗? 可"我"只是安迪这个"奇迹"的见证者,"我"见证了那个平凡的银行家是如何"若为自由故"的。（由叙述的人称分析开始,显示了作者非凡的阅读鉴赏水平。）

安迪是个聪明的人,是个处事圆滑的理财高手,是个掌握了如何逃税、如何获得更多补助金的不法商人。然而他因一桩离奇而无法撇清关系的命案,银铛入狱。安迪向"我"购买了凿石头的小锤子、磨石布和几张好莱坞性感女星的海报。他用了整整二十六年,在争取来的单独牢房里,凿出一个只有他这样的小个子才钻得过的洞,成功越狱,并用他早就准备好的新身份与财产,拥抱了本就该属于他却被无情剥夺的自由。(概括人物形象、复述故事,要言不烦。)

安迪的冷静沉着和老谋深算又源自何处呢?是因为他曾是个银行家吗?是因为他懂得如何偷税漏税吗?不,一切如前面所言,他对自由的渴望非同一般,以至于他都不允许自己冲动对待!(两个问句,发人深思;继而作者给出答案,紧扣题旨。)

他明明早就策划好了一切,却偏偏分批购买他逃离所需的工具,甚至以送"我"石英作为掩饰;他为了继续享有单独牢房的好处,教给那些刻薄狱卒偷税漏税的方法,但这本是他不屑做的事;他不愿再受监狱里他人的侵犯,不惜在监狱中办起了一个图书馆,最终赢得狱友们的尊重、感激甚至爱戴;他还因一个狱友住进他的牢房,而整整八个月没有动过他的浩大工程。这是一份多么顽强、多么冷静的心志哪!隐忍,为自由,值!(紧扣几个重要情节,言之有据。)

怪不得世人都认为爱情重于生命,而自由又凌驾于这二者之上,可见获得自由是一件多么令人欢喜的事。正是安迪坚定了对重获自由的信念,再加上他因这份信念才得以冷静下来的内心,上天才让这个受尽冤枉与委屈的无辜之人取回他所不该失去的。他虽是个凡人,却也是个狂人,一个身处恶劣环境仍为自由拼搏的狂人!

若为自由故,狂人不悲岁月长。

若为自由故,生命爱情皆可抛。(结尾整句扣题,醒目。)

点评

作者擅长阅读,善于表述,紧紧扣住文本的重要情节和人物,抒发自己的阅读感悟,言之有据,言之有物;思路开阔,条理清楚,结构紧凑。语言简洁、流畅,排比、设问随手拈来,足见阅读功力深厚,表达技术高明。

图书在版编目(CIP)数据

以梦为马的时光 / "阅读伴我成长"系列丛书编委会编. —杭州:浙江文艺出版社,2019.4
ISBN 978-7-5339-5647-9

Ⅰ.①以… Ⅱ.①阅… Ⅲ.①作文—中学—选集 Ⅳ.①H194.5

中国版本图书馆 CIP 数据核字(2019)第 063404 号

责任编辑　岳海菁
文字编辑　周琼华
装帧设计　吴　瑕
责任印制　吴春娟

以梦为马的时光

(2018 年中学卷)

"阅读伴我成长"系列丛书编委会　编

出版　浙江文艺出版社
地址　杭州市体育场路 347 号
邮编　310006
网址　www.zjwycbs.cn
经销　浙江省新华书店集团有限公司
制版　杭州天一图文制作有限公司
印刷　杭州富春印务有限公司
开本　710 毫米×1000 毫米　1/16
字数　181 千字
印张　10.75
插页　2
版次　2019 年 4 月第 1 版　2019 年 4 月第 1 次印刷
书号　ISBN 978-7-5339-5647-9
定价　28.00 元